원 포인트로 복음을 설교하라

원 포인트로 복음을 설교하라

·초판 1쇄 발행 2024년 8월 30일

·지은이 송인설
·펴낸이 민상기
·편집장 이숙희 **편집** 민경훈
·펴낸곳 도서출판 드림북
·인쇄소 예림인쇄 **제책** 예림바운딩
·총판 하늘유통

·등록번호 제 65 호 **등록일자** 2002. 11. 25.
·경기도 양주시 광적면 부흥로 847 경기벤처센터 220호
·Tel (031)829-7722, Fax 0504-269-6969

·잘못된 책은 교환해 드립니다.
·이 출판물은 저작권법에 의해 보호를 받는 저작물이므로 무단 복제할 수 없습니다.
·독자의 의견을 기다립니다.
·드림북은 항상 하나님께 드리는 책, 꿈을 주는 책을 만들어 갑니다

원 포인트로
복음을 설교하라

송인설 지음

드림북

프롤로그

설교는 어려웠습니다. 어찌어찌 감당은 했지만, 만족스럽지는 않았습니다. 매번 숙제를 하는 느낌이었습니다. 그러던 중 첫 번째 설교의 돌파구가 찾아왔습니다. 2010년 팀 켈러(1950-2023)의 설교를 듣기 시작한 것입니다. 뉴욕에서 공부하던 한 유학생이 뉴욕의 젊은이들이 좋아하는 설교자라고 소개해 주었습니다. 팟캐스트에 100편의 설교가 올라와 있었고, 스마트폰이 보급되면서 그의 설교에 빠져들었습니다. 처음에는 왜 그렇게 좋은지 모르고 들었지만, 나중에 보니 팀 켈러는 모든 성경 본문에서 예수 그리스도를 증거하고 있었습니다. 솔로몬의 실패가 나오는 본문에서도 "진정한 솔로몬은 예수 그리스도이시다"라고 선포했습니다. 한국 교회에서는 볼 수 없는 스타일이었습니다.

2011년 3월 마지막 주일, 나는 한 예배 모임에 설교자로 초대받았습니다. 대치동 어학원 건물에 20여 명의 신자들이 모여들었습니다. '카리스묵상센터'로 등록하고 주일 예배 모임을 시작했습니다. 2020년 3월,

코로나로 모이지 못하게 되자 유튜브에 설교를 올렸습니다. 10월에는 임대료를 감당하지 못하고 가상공간으로 흩어졌습니다. 이 센터를 기반으로 교회 3개, 선교단체 2개가 분화되는 기이한 경험을 했습니다. 두 교회는 문을 닫았고, 한 선교단체는 아직도 형성 중입니다. 성공도 아니고 실패도 아닌 12년 동안, 나는 교회가 무엇이고 설교가 무엇인지 매주 고민해야 했습니다.

이 기간에 나는 전혀 예기치 않은 열매를 거두었습니다. 나는 교인들과 함께 〈매일 성경〉을 묵상하기로 하고, 그중 한 본문을 선택해 설교했습니다. 츠빙글리와 칼뱅의 선례를 따라 성경 전체를 이어가는 연속적 설교를 했습니다. 〈매일 성경〉이 6년에 한 바퀴 돈다고 하니, 성경을 두 번 완주한 셈입니다. 팀 켈러라면 이 본문을 어떻게 설교했을까 상상하며 설교했습니다. 성경 묵상의 즐거움과 설교의 향연을 누렸습니다. 설교가 편해졌습니다. 왜 이런 변화가 생겼을까요?

1993년 목사 안수를 받고 설교자의 길에 들어섰습니다. 어떻게 설교해야 하나 고민이 시작되었습니다. 이동원 목사의 『청중을 깨우는 강해 설교』를 잡았습니다. 제목 설교, 주제 설교만으로는 안 된다는 말을 들었기 때문입니다. 성경 본문의 말씀을 세우는 설교가 강해 설교라는 내용이 아직도 기억에 남아 있습니다. 1997년부터 소망교회를 섬겼습니다. 6년 동안 곽선희 목사의 설교를 배웠습니다. 곽 목사님은 설교를 성경 말씀의 '재성육신'이라고 규정하시고 매주 복음 설교를 하셨습니다. 한국 교회에 구약 설교가 너무 많고 신약의 말씀을 전해도 율법주의 설교로 끝난다고 하셨습니다. 잘 이해가 되지 않았습니다. 어떻게 예수 그리스도의 복음을 설교하는데 율법주의 설교가 되는 것일까요? 2003년 신학교로 사역의 자리를 옮기고 난 후에도 설교자의 직무에 대한 고민은 떠나지 않았습니다.

두 번째 설교 돌파는 박영재 목사로부터 왔습니다. 2014년 4월 4일, 나는 박영재 목사를 만나러 관악구 효성교회에 갔습니다. 신학대학원에서 목회실천 커리큘럼을 개발하라는 과제를 부여받았기 때문입니다. 박영재 목사는 미국 남침례교 신학교에서 7명의 설교학 교수의 지도를 받으며 석박사 과정을 마치셨습니다. 귀국하여 목회하시면서 '좋은설교연구소'를 세우시고 현장 목사님들에게 설교의 이론과 실제를 강의하고 계셨습니다. '원 포인트 설교'에 대해 처음 들었습니다. 2018년 『원포인트로 설교하라』를 출판하셨습니다. 원 포인트 설교의 가능성을 보았습니다. 미국 동부 지역의 목사들이 원 포인트로 설교하고 있다는 말에 자극을 받았습니다.

세 번째 돌파는 2020년 코로나 때 이루어졌습니다. 유튜브에 설교를 올려야 하는 상황에서 팀 켈러의 복음 설교와 박영재 목사의 원 포인트 설교 방식을 결합해 보았습니다. 첫 번째 돌파와 두 번째 돌파를 결합하니 설교의 신세계가 열렸습니다. 해 아래 새 것이 있겠습니까? 불가피한 상황과 막연한 결합이 예기치 않은 선물을 안겨주었습니다.

20여 년 신학교를 섬긴 후 이제 신학교를 떠날 준비를 하고 있습니다. 나는 무슨 사역을 해온 것일까? 후배 목사들에게 남길 유산이 있을까? 목회를 하기 위해 어떤 역량을 길러야 할까? 고민이 많습니다. 성경과 관련하여 설교자의 직무, 교회와 관련하여 양육자의 직무, 사회(문화)와 관련하여 전도자의 직무가 떠올랐습니다. 세 직무를 종합하려면 영성적 리더십이 있어야 할 것 같습니다. 무엇부터 착수해야 할까? 영성적 리더십은 『영성의 12계단』 재개정판에서 절반 정도 설명한 것 같습니다. 코로나 기간 중 〈설교자의 서재〉라는 강의를 열었습니다. 유튜브에 올린 설교를 구성했던 방식을 강의로 풀었습니다. 세 번째 학기가 지나니 출판해야겠다는 생각이 들었습니다. 원 포인트 레토릭(수사학)의 방식으로 모든 성경 본문에서 그리스도를 증거하는 설교를 하면 새로운 세대에게도 복음을 증거할 수 있을까 고민하며 내용을 구성했습니다.

이 책은 6개의 장으로 구성되어 있습니다. 1장은 성경은 어떤 이야기인가를 다루었습니다. 30여 년 동안 복음주의 관점에서 성경 해석학을 고민했습니다. 복음주의는 회심을 추구하는 신앙입니다. 성경의 약속을 믿고 일평생 하나님을 향해 돌이키는 신앙입니다. 신앙 생활은 처음부터 끝까지 회개의 과정입니다. 처음 믿을 때 세상에서 하나님 나라로 회개하고, 중간 과정에서 매일 짓는 죄를 회개하고, 죽을 때 남아 있는 모든 죄를 회개하고 하늘 천국에 올라갑니다. 2장에서는 팀 켈러가 어떻게 모든 성경 본문에서 그리스도의 복음을 선포했는가를 논의했습니다. 팀 켈러의 복음 신학과 복음 설교에 놀랐습니다. 3장은 박영재 목사와 김진홍 목사로부터 배운 원 포인트 설교가 무엇인지 정리했습니다. 원 포인트 설교의 여러 유형에 눈을 뜨게 되었습니다. 4장은 어떻게 원 포인트로 복음을 설교할 것인가를 논의했습니다. 코로나 3년 동안 팀 켈러의 복음 설교와 원 포인트 설교 방식을 결합하여 원 포인트 복음 설교를 구성한 과정을 단계적으로 정리했습니다. 5장은 원 포인트 복음 설교를 유형별로 제시해 보았습니다. 원 포인트로 복음을 설교한 설교가 150여 편 쌓였습니다. 유형별로 괜찮은 것을 골랐습니다. 내용이 짧은 문제가 있지만, 설교의 6가지 기능 요소들을 추가하여 예배 상황에 맞게 양을 조절할 수 있을 것입니다. 6장에서는 원 포인트 복음 설교를 읽어보며 그 맛을 음미해 보았습니다. 성경의 여러 본문에서 예수 그리스도가 증거되며 물 흐르듯이 흘러가는 설교의 위력을 느껴보고 싶었습니다.

〈설교자의 서재〉세 번째 강의 때 이 책의 내용으로 수업을 진행했습니다. 생각보다 학생들이 잘 따라왔습니다. 설교 준비에 자신감을 갖게 되었다는 말을 듣고, 한국 교회 전체에 공개해도 되겠다 싶었습니다. 2022년, 2023년 「성서 마당」에 쓴 글을 사용할 수 있게 해 주신 한국성서학연구소 소장 배정훈 교수에게 감사드립니다.

2024. 7. 31
카리스메타교육원 원장 송인설 목사

차 례

프롤로그 • 04

1장 성경의 이야기 • 11

2장 모든 성경 본문에서 그리스도의 복음을 선포하기 • 45

3장 원 포인트 설교 • 56

4장 원 포인트 복음 설교 • 78

5장 원 포인트 복음 설교의 유형 • 97

6장 원 포인트 복음 설교 감상 • 151

에필로그 • 213

1장
성경의 이야기

1. '하나님의 선교' 이야기

성경은 읽을수록 어려웠다. 오랫동안 복음주의 성경 해석학을 세울 수 있을까 고민했다. 다행히 레슬리 뉴비긴(1909-1998), 톰 라이트(1948-), 크리스토퍼 라이트(1947-)를 만났다. 톰 라이트와 크리스토퍼 라이트는 복음주의 성서학자로서 성서학의 최고의 수준을 보여주었다. 나는 이들을 통해 성경을 보는 눈을 다시 뜨게 되었다. 성경은 하나님이 나라를 세워가시는 '하나님의 선교' 이야기였다. 하나님이 사탄의 나라를 정복해 가시는 영적 전쟁사였다. 예수 그리스도가 하나님의 언약을 성취하고 이 땅에서 하나님의 통치를 시작한 천국 건국사였다. 그리고 하나님이 종말에 우주와 인류를 향한 창조 목적을 회복하고 완성하시는 승리의 스토리였다.

레슬리 뉴비긴의 빛

첫 번째 빛은 레슬리 뉴비긴으로부터 왔다. 나는 구원의 문제를 해결하기 위해 성경을 읽었다. 칭의는 경험했으나 성화는 항상 어려웠다. 말씀의 열매가 잘 맺히지 않았다. 전적 타락을 핑계 삼아 포기할까 싶었다. 그러던 중, 레슬리 뉴비긴이 나에게 빛을 비춰주었다. 그는 인도 선교사이자 초기 에큐메니칼 운동의 영웅이다. 그는 성경이 개인 구원을 위한 책이기 전에 인류 보편 역사에 대한 책이라고 말했다. 만약 이것이 사실이라면, 나는 그동안 무엇을 했단 말인가?

뉴비긴 역시 인도에 선교사로 가서야 이를 깨달았다고 한다. 그는 힌두교도 종교학자인 샤투르베디 바드리나스라는 친구를 두고 있었다. 어느 날 친구가 뉴비긴에게 이렇게 불평했다.

> "나는 왜 당신 같은 선교사들이 인도에 있는 우리에게 성경을 종교 서적으로 제시하는지 이해할 수가 없다. 성경은 종교 서적이 아니다. 그리고 어찌 됐든 인도에서 우리는 이미 종교 서적을 많이 갖고 있다. 우리에게는 그런 것들이 더 이상 필요하지 않다. 나는 당신의 성경에서 보편 역사, 온 창조 세계의 역사, 인류의 역사에 대한 독특한 해석을 본다. 인간이 역사 속에서 책임 있는 행위자라는 독특한 해석이다. 그것이 독특하다. 세상의 모든 종교 가운데 그것과 견줄 수 있는

것은 없다."[1]

뉴비긴은 인도에 가서 성경의 독특함을 재발견했다. 성경은 보편 역사다. 우주 역사의 목표는 하나님의 원 창조의 회복이다. 성경은 이 보편적, 우주적 역사에 대한 기록이다. 창조부터 종말의 완성에 이르기까지 전체 우주의 이야기를 담고 있다.[2] 뉴비긴의 말을 듣고 나는 성경 해석에 실패했다는 결론을 내렸다. 뉴비긴은 성경을 세상 보편 역사를 담은 공적 진리로 보았지만, 나는 인간의 구원을 안내하는 진리 정도로 본 것 아닌가?

뉴비긴의 주장은 담대했다. 성경의 핵심은 복음이며, 복음은 보편 역사의 종말에 대한 메시지이고, 복음은 하나님이 망가진 창조 세계를 회복하신다는 기쁜 소식이라고 주장했다. 이를 부정하기는 힘들었다. 나는 오랫동안 모더니즘, 포스트모더니즘, 세속주의가 지배하는 세상 철학에 시달렸다. 대학과 학문 속에서 살다 보니 사상적으로 패배주의에 빠질 때가 많았다. 승리주의도 문제지만 패배주의도 문제다. 그러다 보니 성경을 보편 역사에 대한 책으로 주장하기 힘들었던 것 같다.

뉴비긴은 성경을 보편 역사로 보았을 뿐만 아니라 성경이 하나의 이야기라고 말했다. 성경은 본질적으로 하나의 이야기이고 유일한 이야기이다. 여러 문학 장르를 포함하고 있으나 주요 형태는 이야기이다.

---

1) 레슬리 뉴비긴/윤종석 옮김, 『성경 한 걸음』(서울: 복 있는 사람, 2013).
2) 레슬리 뉴비긴/ 홍병룡 옮김, 『다원주의 사회에서의 복음』(서울: IVP, 1998).

우주와 그 우주 안에 있는 인간의 삶 전체에 대한 참된 이야기이다. 성경은 역사 전체의 의미를 드러내는 목표를 향해 나아가는 역사적 내러티브다. 우주 역사의 목표를 하나님의 원 창조의 회복으로 보는 이야기이다. 나는 점차 이런 설명에 매료되었다.

톰 라이트의 빛

두 번째 빛은 톰 라이트에게서 왔다. 그의 책을 읽으며 역사비평으로 받은 상처가 많이 치유되었다. 처음에는 그가 바울 신학의 '제3의 관점' 계열의 신약학자인 줄 알았다. 그러나 그의 책 『신약성서와 하나님의 백성』을 읽어보니 그는 단순한 신약학자가 아니라 역사가였다. 문학과 역사에 대한 '비판적 실재론'의 관점이 신선했다.[3]

톰 라이트는 현대 교인들이 성경을 읽는 방식에 문제가 많다고 말한다. 현대 교인들은 성경 이야기에서 추상적인 개념, 원리, 규칙, 교훈 등을 찾으려 한다. 그들은 성경을 자기 취향과 필요에 따라 그때그때 읽는다. 성경의 진정한 이야기를 전하면, 복음주의 신자들조차 외면한다. 현대 교인들이 왜 이렇게 되었을까? 톰 라이트는 그 이유를 성경을 하나의 이야기로 읽지 못하기 때문이라고 본다.[4] 나도 성경을 구원론

---

[3] N. T. 라이트/박문재 옮김, 『신약성서와 하나님의 백성』(고양: 크리스챤다이제스트, 2003). 이 책은 1992년 *The New Testament and The People of God*이라는 제목으로 출판되었다.
[4] 마를린 바틀링/박장훈 옮김, 『톰 라이트는 처음입니다만』(서울: IVP, 2019).

과 영성신학의 관점으로 읽고 있었으니 할 말이 없었다.

톰 라이트는 성경을 하나의 이야기, 특히 5막 드라마로 본다. 성경은 '창조, 타락, 이스라엘, 예수, 교회'라는 5막으로 구성된 연극이라는 것이다. 성경은 하나님의 이야기이며, 인간이 아니라 하나님이 성경의 주인공이시다.

1막은 하나님의 창조 이야기다. 하나님은 그분의 선하심을 표현하기 위해 우주를 창조하시고, 땅을 돌볼 인간을 창조하셨다. 하나님은 인간을 하나님의 형상으로 만드시고, 그들을 통해 세상을 하나님의 영광으로 채우려 하셨다.

2막은 인간의 타락 이야기다. 옛 뱀의 미혹으로 인간이 하나님이 주신 자리에서 타락해 이탈했다. 이로 인해 인간은 하나님과 멀어지고, 서로 간의 관계가 멀어지며, 자연과도 싸우게 되었다. 세상이 망가지고 정상 궤도를 이탈했다. 하나님은 이 문제를 어떻게 다루실까? 하나님은 그분의 세상을 구해내실 수 있을까?

3막은 이 문제를 해결하기 위한 하나님의 첫 시도다. 하나님은 인류 전체를 구원하기 위해 한 사람, 아브라함을 택하셨다. 아브라함이 언약대로 행하면 세상이 복을 받을 것이고, 그렇지 않으면 그의 자손들이 저주를 받을 것이다. 출애굽 후 모세를 통해 이스라엘 백성에게 '토라'(가르침)가 주어졌다. 토라는 하나님의 명령이요 통치 법칙이다. 토라의 명령을 지키면, 이스라엘은 세상의 빛이 될 것이다. 그렇지 못하면 저주를 받고 포로로 끌려가게 될 것이다. 아브라함의 자손들은 신실하지 못했고, 아브라함 프로젝트는 성공하지 못했다. 이제 하나님은 어떻게 반응하실까?

4막은 이 문제를 해결하기 위한 하나님의 두 번째 시도다. 하나님의 아들 예수 그리스도가 등장하신다. 예수님은 이사야서에 암시된 종의 모습으로 오셨다. 이스라엘의 운명을 짊어질 인간으로 오셨다. 하나님의 아들이 이 땅에 직접 오셔서 아브라함과 맺은 언약을 스스로 성취하셨다. 십자가에 달리시며 "다 이루었다"고 선포하셨다. 예수 그리스도의 부활과 승천으로 옛 창조 안에서 새 창조가 시작되었다. 하나님은 아들을 통해 하늘 보좌에서 다시 이 땅도 다스리시게 되셨다.

5막은 성령과 교회의 이야기다. 오순절 날 성령이 임하시고 교회가 탄생했다. 이제 성령이 교회를 통해 하나님의 통치를 이루어 가는 일을 맡으셨다. 교회도 하나님의 미션 과제에 참여하는 영광을 누리게 되었다.

이 성경 이야기는 어떻게 끝날까? 현재 교회는 하나님의 새 창조가 완성될 종말을 기다리며 일하고 있다. 로마서 8장은 피조물이 썩어 없어짐의 종노릇으로부터 해방될 것이라고 선포하고 있다. 고린도전서 15장은 사망이 극복될 것이라고 예언한다. 요한계시록 21-22장은 땅이 새로워지고, 하늘의 새 예루살렘성이 내려온다고 약속한다. 우리가 살고 있는 이 세상이 새롭게 되고 마침내 하늘과 땅이 연합된다고 한다. 그러면 또 어떤 이야기가 전개될까?

하나님은 지금 5막의 이야기를 전개하고 계시며 우리를 하나님의 드라마에 참여하도록 초청하고 계신다. 우리는 "아버지의 나라"가 오기를 기도하고, "아버지의 뜻이 하늘에서와 같이 땅에서도 이루어지기를" 기도하며 하나님의 드라마에 참여하고 있다.

크리스토퍼 라이트의 빛

세 번째 빛은 크리스토퍼 라이트에게서 왔다. 그는 구약과 신약을 한눈에 볼 수 있는 긴 시각을 열어 주었다. 나는 그를 존 스토트(1921-2011)의 후계자, 제3차 로잔대회(2010) "케이프타운 서약" 문서의 기안자로 알고 있었다. 그런데 그 정도가 아니었다. 그의 『하나님의 선교』를 읽어보니 그는 성경 내러티브의 대가였다.[5] 책의 부제가 "'하나님의 선교' 관점으로 성경 내러티브를 열다"였다. 그는 성경에서 우리가 선교해야 하는 이유를 찾는 작업에서 부족감을 느꼈다. 점차 선교가 교회와 인간이 하는 것이 아니라 하나님이 하시는 대과업이라는 것을 알게 되었다. 기업과 기관만 미션이 있는 것이 아니라 하나님도 미션이 있으시다는 것이다.

크리스토퍼 라이트는 성경을 하나님이 선교적 목적을 갖고 움직이시는 '거대 내러티브'(meta-narrative)라고 규정한다. 하나님은 과거, 현재, 미래를 아우르며 이스라엘과 열방, 생명과 우주와 만물을 포괄하면서, '하나님의 선교'의 중심과 완성을 예수 그리스도 안에 두시고, 우주적으

---

5) 크리스토퍼 라이트/정옥배, 한화룡 옮김, 『하나님의 선교』(서울: IVP, 2010).

로 자신의 목적을 이루어 가시는 분이시다. 성경은 이런 하나님의 선교 과정을 기록한 이야기다. 하나님이 이 이야기의 창시자이시고, 이 이야기를 말씀하시는 분이시며, 이 이야기의 주인공이시고, 이 이야기 줄거리를 계획하고 진행하시는 분이시며, 이 이야기의 의미이시고 궁극적 완성이시다. 하나님이 이 이야기의 처음이며 마지막이며 중심이시다.

크리스토퍼 라이트는 특별히 구약성경이 "하나님-이스라엘-땅"이라는 세 가지 초점을 가진 삼각형 구조의 세계관을 보여주고 있다고 보았다. 하나님은 선교하는 하나님이시고, 이스라엘은 선교하는 하나님의 백성이고, 땅은 하나님의 선교의 무대이다.[6] 그는 구약성경에서 '유일신론, 창조, 인류, 선택, 구속, 언약, 윤리, 미래'에 대한 소망이라는 8가지 주제를 뽑아 이들을 약속과 성취의 관점으로 풀어나갔다. 구약의 약속이 예수 그리스도 안에서 성취되었다는 예표론의 진수를 보았다.

2부에서는 자기를 알리기를 원하시는 하나님이 이스라엘과 예수 그리스도 안에서 자신을 알리셨다는 감동적인 설명을 전개한다. 하나님은 우리가 뭐라고 그렇게 우리에게 당신을 알리시기를 원하실까? 3부에서는 하나님이 선택과 구속(속량)과 언약과 윤리의 단계로 이스라엘을 '선교하는 하나님의 백성'으로 만드셨다고 설명한다. 하나님은 아브라함을 선택하시고, 애굽의 노예 생활에서 구속하시고, 시내 산에서 율법으로 언약을 맺으시고, 하나님의 성품을 따르는 윤리적 삶으로 열방의

---

6) 크리스토퍼 라이트/김재영 옮김, 『현대를 위한 구약윤리』(서울: IVP, 2006), 253-257.

빛이 되기를 요구하셨다. 하나님은 세상 열방에 복을 주기 위해 이스라엘을 선택하셨다. 이스라엘이 사명을 성취하는 데 실패하자 예수 그리스도가 홀로 그 사명을 감당하셨다. 참으로 아름다운 설명이다. 구약 성경을 이렇게 포괄적으로 설명할 수 있다니 놀라운 일이다. 4부에서는 선교가 이루어지는 무대로서 땅과 인류와 문화와 열방과 미래의 문제를 다루었다.

크리스토퍼 라이트의 『하나님 백성의 선교』도 읽어보았다.[7] 그는 하나님의 백성은 성경 이야기에 속해 있는 것을 아는 백성이라고 설명했다. 그러면 성경의 전체 이야기는 무엇인가? 창조, 타락, 구속, 새 창조의 이야기다. 성경은 창조에서 시작해 새 창조로 끝난다. 타락 후 하나님은 하나님의 창조 세계 전체에서 모든 악한 것을 완전히 멸하기로 하셨다. 창조 세계를 포기하거나 멸망시키는 것이 아니라 구속하기로 하셨다. 이스라엘을 이어 예수 그리스도가 구속 사역을 시작하셨다. 예수 그리스도는 이 땅에 다시 오시어 창조 세계의 구속과 회복을 완성하실 것이다. 하나님 아버지는 정화하는 심판의 불로 악한 모든 것을 제거하시고, 의와 평화가 거하는 새 하늘과 새 땅을 펼치실 것이다. 하나님은 새 예루살렘에서 구속받은 하나님의 백성과 함께 거하시며 다스리실 것이다.

크리스토퍼 라이트는 성경을 하나님이 선교적 목적을 갖고 움직이시는 '거대 내러티브'로 규정하며, 성경이 하나님의 선교 과정을 기록한 이

---

7) 크리스토퍼 라이트/한화룡 옮김, 『하나님 백성의 선교』(서울: IVP, 2012).

야기라고 설명했다. 그는 구약성경을 "하나님-이스라엘-땅"이라는 삼각형 구조의 세계관으로 보았으며, 구약의 약속이 예수 그리스도 안에서 성취되었다는 관점에서 성경을 해석했다. 그는 하나님의 백성은 성경 이야기에 속해 있다는 것을 아는 백성이라고 하며, 성경의 전체 이야기를 창조, 타락, 구속, 새 창조의 이야기로 보았다.

이런 설명을 진작에 들었어야 했다. 이런 설명을 신대원 1학년 때 들었으면 얼마나 좋았을까! 그러나 그때는 이런 책이 나오지 않았다. 이런 책이 나왔으면 내가 그렇게 역사비평에 시달리지 않았을 것이다. 나는 역사비평의 혜택을 많이 누린 세대다. 그 덕에 근본주의, 교리주의에 함몰되지 않고, 세대주의 종말론의 맹독을 피할 수 있었다. 그러나 역사비평은 설교할 수 있는 자신감을 많이 빼앗아 갔다. 자꾸 성경을 신앙 체험 기록으로 보게 했다. 인간의 성찰과 해석으로 보게 했다. 성경이 조각조각 파편화되었다. 감동받은 성경의 부분 부분을 그때그때 설교할 수밖에 없었다. 칼 바르트(1886-1968)의 계시론으로 다시 용기를 내보고 존 스토트의 성경 주석의 모범으로 희망을 키워보았으나 항상 부족했다. 설교에 자신이 없어 성령이 역사해 주기만을 기다리는 가련한 설교자로 살았다.

이런 나에게 크리스토퍼 라이트는 빛을 비춰주었다. 성경에 서술된 대로 성경의 거대 서사를 따라 설교하면 되겠다는 자신감을 주었다. 나는 성경을 이렇게 재규정하게 되었다. 성경은 하나님이 하나님의 나라를 세워 가시는 하나님의 선교 이야기다. 하나님은 뜻을 정하시고 역사의 단계마다 점진적으로 자기를 계시하시고 그 뜻을 성취하셨다. 하나님은 영계와 물질계를 포함하여 하나의 피조 세계를 만드셨다. 자연적 차원과 영적 차원이 함께 있는 하나의 피조 세계를 창조하시고 그 안에 충만하게 거하셨다. 하나님은 아버지로서 인간과 관계를 맺으시고 인간에게 통치권을 위임하시고 하나님 나라를 세우는 일에 협력을 요청하셨다. 인간이 타락해도 다시 기회를 주시고 지속적으로 개입하시어 하나님의 뜻을 이 땅에 이루어 가셨다. 누군가에게 직접 나타나 계시하시고 순종을 기다리셨다. 그 누군가의 순종을 통해 다수가 하나님 나라에 들어오고 그들의 삶을 통해 하나님의 나라를 확장해 가셨다. 제거할 것은 제거하시고 추가할 것은 추가하시며 강력하면서도 유연한 사랑의 나라를 세워 가셨다. 하나님이 자신의 나라를 세워가시는 이야기, 나는 이것을 성경의 이야기라고 정리하고 싶다. 하나님의 나라에 나 같은 인간까지 초대하여 함께 나라를 세워 가시는 왕의 이야기가 눈물 나게 고마웠다.

2. 하나님이 사탄의 나라를 정복해 가시는 이야기

목회 중에 귀신 문제와 자주 부딪쳤다. 보이지는 않지만 역사하고 있었다. 신학교에서 배운 악의 기원론만으로는 해결할 수 없었다. 몇몇 신학자의 책들이 도움이 되었다. 첫 번째로 도움을 준 책은 제임스 칼라스의 『사탄의 생태』였다.[8] 이 책은 역사비평학의 방법론을 사용하여 사탄에 대해 성서적으로 논의해 주었다. 칼라스의 연구는 사탄의 존재와 활동에 대해 학문적이고 체계적인 접근을 가능하게 해주었다. 두 번째로 마이클 그린의 『나는 사탄의 멸망을 믿는다』가 도움이 되었다.[9] 복음주의-은사주의 신학자로서 마이클 그린은 사탄의 역사를 성경적으로 자세하게 설명하며, 사탄이 어떻게 멸망에 이르는지 신학적으로 논의해 주었다.

세 번째로 한 선배 목사의 추천으로 마이클 하이저의 『보이지 않는 세계』를 읽었다.[10] 마이클 하이저는 성경과 고대 근동을 연구하는 학자로, 펜실베니아 대학에서 고대사 석사 학위를, 위스콘신-매디슨 대학에서 히브리어 성경/셈어로 박사 학위를 받았다. 그를 통해 성경이 보이지 않는 하나님 나라 이야기이며 영적 전쟁의 이야기라는 점을 깨닫게 되었다.

성경의 초자연적 세계관

『보이지 않는 세계』는 시편 82편에 대한 연구에서 시작되었다. 시편 82편에서 여호와 하나님은 '신들의 모임'(divine assembly)에서 회의를 주

---

8) 제임스 칼라스/ 박창환 옮김, 『사탄의 생태』(서울: 컨콜디아사, 1979).
9) 마이클 그린/ 오성춘 옮김, 『나는 사탄의 멸망을 믿는다』(서울: 장로회신학대학교출판부, 1980/1994).
10) 마이클 하이저/ 손현선 옮김, 『보이지 않는 세계』(서울: 좋은 씨앗, 2015/2019).

재하셨다. 여호와 하나님은 엘로힘들을 재판하셨다. 엘로힘 신들은 세상 나라들을 불의하게 통치했다. 하나님은 열국을 불의하게 통치하는 이 엘로힘들을 심판하실 것이다. 구약의 하나님이 여러 신들의 모임 즉 만신전의 일원처럼 보인다. 마이클 하이저는 이 기이한 본문에서 시작하여 성경 전체를 연구한 후, 성경이 초자연적 세계, 영적 세계를 포함하고 있다는 결론에 이르렀다.

여과장치 제거와 모자이크 방식

고대 독자의 눈으로 성경을 보려면, 우리의 전통과 고정관념이라는 여과장치를 제거해야 한다. 여과장치는 원하는 결과를 얻고자 무언가를 걸러내는 것이다. 고대 독자는 삶을 초자연적 관점으로 이해했으나, 현대 기독교인은 삶을 신조의 진술과 현대 합리주의의 관점으로 이해한다. 현대적 사고라는 여과장치에 어울리지 않는 성경 구절은 '문제 본문'으로 처리된다. 그러나 성경의 낯선 본문들은 성경 저자에게는 무척 중요한 내용이다.

성경은 신학적, 문학적 모자이크다. 여러 조각이 모여 큰 그림을 형성한다. 성경의 조각들은 흩어진 데이터에 불과하다. 그러나 조각들을 있는 그대로 넓은 맥락 안에서 보면 전체 그림이 드러난다. 성경의 여러 조각을 한데 모으면, 모자이크의 큰 그림이 나타난다. 모자이크를 구성하는 각각의 조각들은 전체 그림에 꼭 필요한 것이다. 모든 조각의 의미는 완성된 모자이크 안에서 발견된다.

천상회의 세계관

하이저는 '천상회의 세계관'을 이렇게 설명했다. 하나님은 두 세계를 창조하셨다. 천상의 세계와 지상의 세계다. 천상의 세계에서 하나님은 엘로힘들로 구성된 천상의 모임 또는 천상회의를 가족으로 구성하셨다. 하나님은 하나님을 닮은 엘로힘들을 먼저 창조하셨다. 엘로힘은 여호와 하나님을 비롯하여 영계에 거하는 모든 영적 존재를 가리킨다.[11] 하나님은 천상회의 기구를 통해 보이지 않는 세계를 통치하시기로 결정하셨다. 천상회의는 세 개의 위계질서를 갖고 있다. 첫째는 유일하신 지존자 여호와이시다. 둘째는 '하나님의 아들들'이다. 셋째는 '천사들'이다. 지상 세계에서 하나님은 인간의 모임(아담, 하와)을 가족으로 삼으셨다. 하나님의 형상을 따라 창조하신 후 땅을 대리 통치하게 하셨다. 엘로힘은 천상에서 하나님을 대표하여 하나님의 뜻을 수행하게 되었고, 인간은 지상에서 하나님의 뜻을 수행하게 되었다.[12]

---

11) 성경에서 엘로힘은 여호와 하나님을 비롯하여 영계에 거하는 모든 영적 존재를 가리킨다. 성경은 엘로힘이라는 단어로 6-7개의 다른 존재들을 가리켰다. 1) 여호와, 이스라엘의 하나님(수천 번), 2) 여호와의 천상회의의 일원(시 82:1-6), 3) 다른 열국의 신들과 여신들(삿 11:24, 왕상 11:33), 4) 귀신들('셰딤'; 신 32:17), 5) 죽은 사무엘(삼상 28:13), 6) 천사 또는 여호와의 천사/사자(창 35:7).

12) 마이클 하이저는 이 책 여기저기에서 천상회의를 가리키는 여러 성경의 본문을 소개했다. 창 1-2장, 창 11장, 출 24장, 왕상 22장, 욥 1-2장, 사 6장, 사 14장(14:12-15), 사 40장, 겔 1장, 단 4장, 단 7장, 요 1장, 행 2장, 히 1-2장, 계 4-6장, 계 19-22장; 앞의

신명기 32장 세계관

하이저는 이어서 '신명기 32장 세계관'을 설명했다. 신명기 32장 8-9절의 내용은 이러하다. "지극히 높으신 자가 자기 민족들에게 기업을 주실 때에, 인류를 나누실 때에 하나님의 아들들의 수효대로 백성들의 경계를 정하셨도다 여호와의 분깃은 자기 백성이라 야곱은 그가 택하신 기업이로다."[13] 여호와가 의도적으로 바벨에서 열국을 흩으실 때 각 민족에게 신을 허락하셨다는 내용이 나온다. 민족 신들은 한 나라를 다스리는 영적 군주들을 말한다(예, 파사의 군주). 신명기 4장 19절에도 이와 관련된 내용이 나온다. "또 그리하여 네가 하늘을 향하여 눈을 들어 해와 달과 별들, 하늘 위의 모든 천체 곧 너희의 하나님 여호와께서 천하 만민을 위하여 배정하신 것을 보고 미혹하여 그것에 경배하며 섬기지 말라." 하나님이 열국에게 해달별 신, 즉 민족 신들을 배정하셨다는 것이다. 시편 82편은 스스로 우상이 되어 각 민족을 불의하게 통치한 엘로힘 민족 신들이 인간처럼 죽을 것이라고 말하고 있다(시 82:2-5). 민족 신들이 본래 자기가 담당한 민족들을 여호와께 인도해야 했는데, 스스로 민족들의 우상 신이 되어 불의하게 통치했다는 것이다.

책, 41-121.
13) 구약의 필사본들 간에 차이가 있다. "이스라엘 자손의 수효대로"와 "하나님의 아들들의 수효대로"라는 판본이 있다. 사해 두루마리를 통해 밝혀진 바로는 "하나님의 아들들"이 올바른 독법이다; 앞의 책, 196.

우주적 지형도

바벨탑 사건 이후 성경의 우주적 지형도가 드러났다. 출애굽 이후 이스라엘은 여호와의 기업이 되고 가나안은 거룩한 땅이 되었다. 다른 열국의 영토는 이미 여호와가 명하신 대로 다른 민족 신들(엘로힘들)의 소유가 되었다. 민족 신들은 타락하고 여호와의 지구적 비전에 저항하는 어둠의 세력이 되었다. 그러나 하나님은 열국을 포기하지 않고 이스라엘을 통해 열국을 되찾으려 하셨다.

성경의 영적 전쟁 이야기

성경은 우주적 전투 지형도에서 일어난 영적 전쟁의 이야기를 하고 있다. 구약은 여호와가 여호와를 대적하는 신들(엘로힘)을 다스리는 가운데 이스라엘과 열국이 전쟁을 벌이는 이야기이다. 신약은 예수 그리스도가 사탄의 왕권을 무너뜨리고 교회를 통해 하나님의 통치권을 회복하는 이야기이다. 영적 전쟁의 무대는 이 땅이다. 하늘의 영역에는 하나님 여호와의 보좌 아래, 신실한 하나님의 아들들, 천사들, 구원받은 하늘의 성도들이 있다. 땅 아래의 영역에는 마귀 사탄 아래, 옥에 갇힌 하나님의 아들들, 민족 신들, 귀신들, 구원받지 못하고 죽은 인류가 있다. 이 땅에서 두 영역의 통치권이 충돌하고 있다.

구약성경의 영적 전쟁과 신약성경의 영적 전쟁

구약성경은 이스라엘이 영적 전쟁에서 실패한 이야기다. 이스라엘은 가나안 정복 전쟁에서 이기고도 가나안 백성과 공존하는 길을 선택했다. 결국 미혹을 받아 이방 신들을 함께 숭배하다가 하나님의 심판을 받고 바벨론에 포로로 끌려갔다. 하나님은 새로운 언약을 전하셨다.

신약성경은 메시아 왕 예수가 영적 전쟁에서 승리를 거두시는 이야기다. 사탄이 하나님의 계획을 모르고 십자가에서 예수를 죽였다. 예수는 지옥에 가서 승리를 선포했다. 하나님이 예수를 부활시키시자 새 창조의 역사가 시작되었다. 오순절 날, 성령이 임하고 이방인의 구원, 열국의 회복이 시작되었다. 바울은 통치자, 정사, 권세, 능력, 주권, 왕권, 세상 주관자 등 각 영역을 통치하는 엘로힘들을 정복하며 열국을 회복하는 하나님의 선교 여정에 참여하자고 말했다.

요한계시록의 미래 영적 전쟁

요한계시록은 특별히 최후의 영적 전쟁에서 하나님이 승리하시는 미래에 대한 이야기다. 예수 그리스도는 아마겟돈 전쟁에서 열국을 지휘하는 짐승(적그리스도)을 완패시킬 것이다. 엘로힘들은 그 보좌에서 폐위될 것이다. 모든 악한 자들이 심판받고 믿음으로 이긴 자들은 불충한 '하나님의 아들들'의 자리를 대신할 것이다. 영화롭게 된 신자들이 천상회의에 참여하고 하나님의 통치가 지상에 온전하게 실현될 것이다.

영적 세계의 구조와 역할

나는 마이클 하이저를 통해 성경의 세계관, 영적 세계와 영적 존재들의 위계질서와 역할을 이해하게 되었다. 성경은 눈에 보이지 않는 영적 세계를 전제하고 있다. 보이지 않는 영역과 초자연적 세계에 대한 이야기를 포함하고 있다. 인간은 지상의 하나님의 가족으로서 신적 권세를 갖고 있다. 이 땅에서 선한 천사들과 타락한 천사들과 함께 공존하고 있다. 성경은 창조-타락-구속-새 창조라는 시간적 순서뿐만 아니라 '하늘-땅-땅 아래'라는 공간적 구조도 포함하고 있다. 천상에 하나님의 보좌가 있고, 우리가 사는 땅의 세계가 있고, 공중을 포함하여 땅 아래 마귀의 세계가 있다는 것이 이해되었다(출 20:4). 천상회의 중에 하늘 법정도 열린다는 것도 이해되었다(욥 1:6). 하나님이 천상회의와 하늘 법정과 지상의 하나님의 백성을 통해 사탄의 영역을 정복해 가시는 역사의 과정이 눈에 선명하게 그려졌다.

3. 예수 그리스도의 천국 복음 이야기

하나님이 이 땅에 하나님의 나라를 세우는 과정에서 가장 중요한 사건은 무엇일까? 예수 그리스도의 성육신, 십자가, 부활, 승천 사건이다. 신약성경은 예수 그리스도가 하나님의 언약을 성취하시고 이 땅에서 하나님의 통치를 시작하시는 천국 이야기이다. 천국이 이 땅에 건국되었다는 기쁜 소식이다.

김세윤의 『복음이란 무엇인가』를 읽었다.[14] 김세윤은 이 책에서 예수 그리스도의 복음은 하나님 나라의 복음이고, 사도들의 복음은 예수 그리스도의 죽음과 부활의 복음이라고 설명했다. 예수 그리스도의 십자가와 부활 안에서 하나님 나라가 열렸다는 기쁜 소식이 복음이라고 하셨다. 인간이 하나님의 세상 통치를 대행하는 부왕(vice-king)이라는 설명이 인상적이었다.

옛 언약과 새 언약

예수 그리스도가 언약을 성취하시기까지 하나님의 경륜은 어떤 과정을 거쳐 왔을까? 『영성의 12계단』에서 개신교 영성 신학을 구상하며 정리해 보았다.[15] 하나님은 하늘을 다스리듯이 이 땅을 다스리시기 위해 지상의 세계를 창조하셨다. 하나님은 세상을 직접 통치하는 대신 하나님의 형상으로 만드신 인간을 통해 다스리기로 하셨다. 인간은 하나님처럼 될 수 있다는 거짓에 속아 하나님을 거역하고 땅에 대한 통치권을 사탄에게 빼앗겼다. 하나님은 타락 이후에도 인간의 문화와 역사를

---

14) 김세윤, 『복음이란 무엇인가』(서울: 두란노, 2003).
15) 송인설, 『영성의 12계단』 재개정판(서울: 드림북, 2023).

허락하시는 일반은총을 베푸셨다. 노아 언약을 통해 피조물과 언약을 다시 맺으셨다(창 9:11).

바벨탑 사건 후에 하나님은 하나님의 지상 통치권을 회복하는 일을 시작하셨다. 하나님은 망가진 세상을 구속하고 회복하기 위해 아브라함을 부르시고 이스라엘 민족을 세우셨다. 이스라엘을 출애굽 시킨 후 시내 산에서 이스라엘 백성과 '언약'을 맺으시고 계명을 주셨다. 돌비에 십계명을 쓰셨고, 지키면 복을 받을 것이고 지키지 않으면 저주를 받을 것이라 하셨다. 이스라엘은 계명을 지키지 못하고 언약의 저주대로 바벨론에 포로로 끌려갔다.

이스라엘의 예언자들이 절망했을 때, 하나님은 예레미야와 에스겔을 통해 '새 언약'을 주셨다. 예레미야에게 이스라엘 백성이 죄사함을 받고 하나님을 인격적으로 아는 날이 올 것이라 하셨다(렘 31:31-34). 하나님의 법을 백성의 마음속에 두어 마음 판에 기록할 것이라 하셨다. "그러나 그 날 후에 내가 이스라엘 집과 맺을 언약은 이러하니 곧 내가 나의 법을 그들의 속에 두며 그들의 마음에 기록하여 나는 그들의 하나님이 되고 그들은 내 백성이 될 것이라 여호와의 말씀이니라"(렘 31:33). 예수 그리스도는 이 새 언약을 이루기 위해 인간의 몸을 입고 이스라엘 백성 가운데 오셨다.

예수 그리스도는 이 땅에 오셔서 천국 복음 즉 하나님 나라의 복음을 전하셨다. "때가 찼고 하나님 나라가 가까이 왔으니 회개하고 복음을 믿으라"(막 1:15). 공식적으로 하나님 나라의 시작을 선포하셨다. 예수 그리스도는 하나님 나라의 실재도 보여주셨다. 천국의 새 계명만을 가르치신 것이 아니라 실제로 병을 고치시고 귀신을 쫓으셨다. 이 땅에서 사탄의 통치가 끝나고 하나님의 통치가 시작되었다고 선포하셨다. 예수 그리스도는 결국 십자가에서 자기 몸을 내놓으셨다. 십자가의 피가 새 언약을 이루는 피라고 말씀하셨다. "이것은 죄 사함을 얻게 하려고 많은 사람을 위하여 흘리는 바 나의 피 곧 언약의 피니라"(마 26:28), "이 잔은 내 피로 세우는 새 언약이니 곧 너희를 위하여 붓는 것이라"(눅 22:20).

십자가에 달린 예수 그리스도는 모든 사람의 예상과 달리 죽은 자 가운데서 다시 살아나셨다. 부활은 이스라엘 백성에게 주신 믿을 만한 증거였다(행 17:31). 하나님은 아들의 부활을 통해 지상 통치권을 회복하신 것을 보여주셨다. 하늘뿐만 아니라 이 땅도 다시 다스리기 시작하셨다고 선언하셨다. 부활은 하나님의 새 창조가 시작되었다는 표지이며, 하나님이 이 땅도 다스리기 시작했다는 기쁜 소식이다.

복음 중심적 성경 이해

복음 이해와 함께 나의 성경 해석학이 달라졌다. 성경 전체가 복음의 빛으로 다시 보였다. 성경은 예수 그리스도의 천국 복음 이야기였다. 두 사람이 도움을 주었다. 하나는 팀 켈러(1950-2023)이고, 다른 하나는 톰 라이트(1948-)이다. 2010년 팀 켈러 목사의 설교를 들으며 복음 설교의 정수를 맛보았다. 팀 켈러는 기독교에 적대적이며 세속적인 뉴욕 시 한복판에서 복음을 설교하며 부흥을 경험했다. 그는 항상 예수 그리스도의 복음으로 끝나는 설교를 했다.[16] 톰 라이트는 50여 권의 책을 썼다. 톰 라이트는 『신약성서와 하나님의 백성』에서 예수 그리스도의 본래 메시지와 관련하여 "기독교의 기원" 문제를 정말 깊이 다루었다. 성경의 역사적 문화적 배경 안에서 신학적 통찰을 정말 놀랍게 끄집어냈다. 성경이 신학과 문학과 역사의 총체적 직조물이라는 것을 보여주었다.

두 사람을 통해 나는 성경이 예수 그리스도 안에서 하나님의 언약이 성취된 이야기라고 정리하게 되었다. 톰 라이트는 구체적으로 나에게 복음의 사건성과 맥락성을 가르쳐 주었다. 복음의 사건성은 복음이 역사적으로 중대한 사건이 일어났다는 것을 알리는 소식이라는 의미이다. 복음의 맥락성은 복음이 성경의 모든 부분과 연결되어 있다는 의미이다.

톰 라이트의 복음

톰 라이트는 방대한 저작을 집필한 작가로 『이것이 복음이다』를 썼다. 나는 이 책을 통해 복음의 본질을 보다 더 명확하게 이해할 수 있었

---

16) 팀 켈러/ 채경락 옮김, 『팀 켈러의 설교』(서울: 두란노, 2016), 21-39. 이 책은 2015년에 *Preaching*이라는 제목으로 출판되었다.

다.[17] 톰 라이트는 "예수님이 전한 좋은 소식이란 과연 무엇인가?"라는 질문을 던졌다. 그는 기독교 교사들이 복음을 좋은 충고로 바꾸었다고 비판했다. 좋은 충고는 바라는 결과를 얻기 위해 특정한 행동을 유도하는 조언이다. 라이트는 종교, 도덕 체계, 철학가 충고에 해당한다고 본다. 충고 자체는 나쁘지 않지만, 일부 교회가 복음을 좋은 충고로 전하는 것은 잘못이라고 한다. 톰 라이트는 좋은 소식이 단순한 충고가 아니라 중요한 사건을 알리는 것이라고 설명했다. 중대한 사건이 일어났고 이로 인해 세상이 완전히 변화되었다는 것이다. 죽어서 천국에 가게 되었다는 소식 정도가 아니다. 이미 이 땅에 천국이 임했다는 소식이다.

톰은 좋은 소식이 세 가지 요소와 패턴을 가지고 있다고 보았다. 첫째, 기대하지 않았던 사건이 일어난다. 이 사건은 더 긴 배경 이야기에서만 이해된다. 둘째, 이 사건으로 인해 모든 일이 달라지며, 앞으로 모든 삶이 변화될 것이다. 셋째, 이로 인해 사람들의 삶이 송두리째 바뀌며, 새로운 결과를 기다리면서 흥분과 기쁨으로 미래를 상상하게 된다. 바울은 예수 그리스도 안에서 세상이 변화된 어떤 일이 일어났으며, 세상이 이제 다른 곳이 되었다고 확신했다. 황제 아우구스투스는 세상을 조금 바꾸었지만, 예수 그리스도는 완전히 다른 세상을 창조했다. 복음(유앙겔리온)은 원래 승전 소식이나 황제 즉위 소식 같은 것이며,

---

17) 톰 라이트/ 백지윤 옮김, 『이것이 복음이다』(서울: IVP, 2017). 이 책은 2015년에 *Simply Good News*라는 제목으로 출판되었다.

바울은 이 단어를 예수 사건을 설명하는 데 사용했다.

예수 그리스도는 이 땅에 오신 진정한 왕이시다. 예수 그리스도는 전혀 다른 왕으로서, 전혀 다른 나라를 창조했다. 예수 그리스도는 민족주의 혁명의 방식을 거부하고, 인간 삶의 모든 영역에 깊이 파고들어 새로운 나라를 만들었다. 그는 천국의 삶을 비유로 설명하며, 사람들을 치유하고 용서하며 회복시키셨다. 예수 그리스도의 십자가와 부활로 인해 새로운 세상이 시작되었으며, 하나님 나라는 새로운 방식으로 출범했다. 하나님은 역사의 종말에 모든 일을 끝내기 위해 돌아오실 것이다. 만유의 주로서 온 세상을 그의 영광과 사랑으로 채우고 변화시키며, 모든 것을 바로잡기 위해 강력한 사랑으로 치유하실 것이다. 톰은 복음을 이렇게 정리했다. "좋은 소식은 살아계신 하나님이 세상의 모든 권세를 꺾으시고 마침내 하늘에서와 같이 땅에서도 공의와 평화로 다스리는 통치를 시작하신다는 이야기다."

나는 10여 년 동안 팀 켈러와 톰 라이트에게서 복음 중심의 성경 해석을 배웠다. 그들의 가르침을 통해 성경이 예수 그리스도의 십자가와 부활 안에서 하나님 나라의 약속이 성취된 이야기임을 이해하게 되었다. 이 이야기는 아직 끝나지 않았고 계속 진행 중이다. 성경은 예수 그리스도가 하나님의 언약을 성취하시고 이 땅에서 하나님의 통치를 시작하시는 천국 건국의 이야기였다. 하나님의 나라 이야기는 이미 많이 진행되었다. 이 이야기는 끝을 향해 나아가고 있다. 하나님은 어떻게 구속의 역사를 마무리하실까?

4. 하나님의 창조 목적이 완성되는 승리 이야기

성경을 읽으며 가장 어려운 책을 만났다. 바로 〈다니엘〉과 〈요한계시록〉이다. 문자적 해석과 상징적 해석 사이에서 오락가락했다. 적그리스도와 휴거에 대한 설교를 들을 때마다 혼란스러웠다. '저건 아닌 것 같은데.' 하다가도 '그럼 네 생각은 뭔데?'라는 자문이 이어졌다. 아우구스티누스의 '무천년설'과 존 스토트의 '경건한 불가지론'으로는 버티기 어려웠다.

종말과 관련하여 성경 해석의 관점에서 세 권의 책이 많은 도움을 주었다. 첫째는 안용성의 『두 이야기가 만나다: 요한계시록 서사로 읽기』이다. 이 책은 요한계시록의 문학적 구조를 새롭게 조명해주었다. 둘째는 해럴드 에벌리의 『승리의 종말론』이다. 셋째는 톰 라이트의 『마침내 드러난 하나님 나라』이다. 이 책은 종말론과 관련하여 성경 전체를 아우르는 안목을 배울 수 있게 해주었다.

안용성의 서사적 요한계시록 해석

안용성의 『두 이야기가 만나다』는 세대주의와 역사비평을 극복하는 요한계시록 해석법을 보여주었다.[18] 세대주의는 계시록을 종말에 일어날 사건을 차례로 기록한 것으로 보고, 역사비평은 동일 사건을 반

---
18) 안용성, 『두 이야기가 만나다: 요한계시록 서사로 읽기』(서울: 새물결플러스, 2020).

복해서 서술한다고 본다. 안용성은 요한계시록 2-3장은 소아시아 교회를 향한 문자적 예언으로 보고 4-22장은 역사의 종말을 위한 상징적 예언으로 보는 제3의 길을 택한다. 특별히 4-22장은 시간적으로 종말의 구원을 향해 나아가지만, 두 이야기는 만나는 복합적 구조를 갖고 있다고 설명한다.

두 이야기가 무엇인가? 첫째, 시간적으로 '중심 줄거리'와 '삽입부'(episode)라는 두 이야기가 있고, 둘째, 공간적으로 '하늘'의 보좌 이야기와 '땅'의 이야기라는 두 이야기가 있다. 요한계시록에서 시간적으로 '중심 줄거리'와 '삽입부'라는 두 이야기가 만난다. 중심 줄거리는 4-22장으로 바벨론의 멸망과 역사의 종말을 다룬다. 삽입부는 10-11장과 12-14장으로 성도의 관점에서 예수 그리스도의 구속 사건을 바라본다. 두 이야기가 서로 다른 지점에서 시작되어 진행하다가 15장 1절에서 만난다. 공간적으로 두 이야기는 하늘 어전에서 시작되어 하늘과 땅으로 나뉘어 진행하다가 종말의 때 하늘과 땅이 다시 만난다.

요한계시록 4-22장의 종말 이야기는 두 단계로 구성되어 있다. 첫째는 바벨론이 멸망하는 과정이다(4:1-19:10). 둘째는 역사의 종말에 이르는 과정이다(19:11-22:9). 현재 로마가 아무리 강성해도 결국 망할 것이고, 이후 언젠가 예수 그리스도가 재림하시어 하나님의 구원 역사를 완성하신다. 바벨론 멸망의 이야기가 중요하다. '바다 짐승'(로마 황제)과 '땅의 짐승'(거짓 선지자)이 멸망당한다(13:1-18). 예수 그리스도는 재림하시며 타락한 세상을 심판하고 오염된 세상을 정화하신다. 세상이 깨끗하게 정화된 후, 하늘의 하나님의 왕국(새 예루살렘)이 땅의 하나님의 왕국 위에 임한다. 새 하늘과 새 땅에서 두 왕국이 한 나라가 된다.

해럴드 에벌리의 승리의 종말론

해럴드 에벌리는 『승리의 종말론』에서 세대주의 종말론을 포기하는 용기를 보여주었다.[19] 그는 세대주의 전통 안에서 성장하면서 종말에 대한 비관적 시각을 배웠다. 이 관점에 따르면, 세상이 점점 악해지며, 예수의 재림 날 신자들은 휴거되고, 남은 자들은 적그리스도가 통치하는 칠년 환난을 겪어야 한다고 가르쳤다. 그러나 성경을 가르치면서, 성경이 다른 이야기를 하고 있다는 것을 발견했다. 성경은 사탄이 아니라 예수 그리스도와 교회가 이 세상을 통치할 것이라고 가르친다는 것을 깨달았다.

신약 성경은 종말론에 대해 '미래주의'나 '과거주의'의 관점이 아니라 부분적 과거주의(partial preterist) 관점을 취하고 있다. 미래주의는 마태복음 24장과 요한계시록의 예언이 미래에 성취될 것으로 보고, 과거주의는 주후 70년 예루살렘 성전 파괴 시기에 이미 성취되었다고 본다. 반면, 부분적 과거주의는 일부는 과거에 성취되었고 나머지는 미래에 성취될 것으로 본다.

---

19) 해럴드 에벌리, 마틴 트랜치/ 정광의, 천슬기 옮김, 『승리의 종말론: 부분적 과거주의 견해』(서울: 벧엘북스, 2006/2017). 이 책은 2006년 *Victorious Eschatology: A Partial Preterist View*라는 제목으로 출판되었다.

마태복음 24장 '감람산 강화'에 대한 주석이 인상적이다. 예수는 예루살렘 성전이 "돌 하나도 돌 위에 남지 않고 다 무너뜨려지리라"(마 24:2)고 예언하셨다. 제자들은 세 가지 질문을 했다고 에벌리는 보았다. "어느 때에 이런 일이 있겠습니까?" "주의 임하심에는 무슨 징조가 있습니까?" "세상(시대, '아이온') 끝에는 어떻게 되겠습니까?"(마 24:3). 예수는 24:4-28에서 첫 번째 질문에 대답하시고, 24:29-35에서 두 번째 질문에 대해 대답하시고, 24:36-25:46에서 세 번째 질문에 대해 답하셨다

첫 번째와 두 번째 질문에 대한 예언은 이미 성취되었다. 예수님은 30년경 예루살렘 성전과 도성의 멸망을 예언하셨고(마 24:34), 70년에 이 예언이 성취되었다. "이 천국 복음이 모든 민족에게 증언되기 위하여 온 세상에 전파되리니 그제야 끝이 오리라"(마 24:14). 이 예언은 제자들이 40년 동안 지중해 세계에 복음을 전파하여 성취되었다. "인자의 징조가 하늘에서 보이겠고…"(마 24:30)는 이 예언은 예수님의 승천과 통치를 통해 성취되었다.

세 번째 "세상(시대, '아이온') 끝에는 어떻게 되겠습니까?"라는 질문에 대해, 예수는 종말의 시기를 모른다고 말씀하셨다. "그러나 그 날과 그 때는 아무도 모르나니 하늘의 천사들도, 아들도 모르고 오직 아버지만 아시느니라"(마 24:36). 주님은 경고나 징조 없이 오실 것이며, 노아의 홍수처럼 갑자기 올 것이다. 밭 갈 때, 맷돌질 할 때, 도둑이 오듯이 알 수 없게 오실 것이다. 자는 중에, 달란트를 맡기고 떠난 후 오랜 시간이 지난 후에 오실 것이다. 예수는 모든 민족을 모아 영원한 운명을 구

분하실 것이라 하셨다. 모든 민족을 불러 모아, "창세로부터 예비된 나라"에 들어갈 사람과 "마귀와 그 사자들을 위하여 예비된 영원한 불"에 들어갈 사람을 분리하실 것이라 하셨다(마 24:36-25:46).

이 책을 통해 이런 깨달음을 얻었다. 첫째, 사탄은 이미 철저히 패배했다. 하늘에서 쫓겨났고(계 12:9) 음부로 떨어졌다. 사탄의 영역은 계속 무너지고 있으며, 결국 하나님의 나라에 완전히 정복될 것이다. 둘째, 교회는 적대적 환경 속에서도 결국 예수 그리스도와 함께 승리할 것이다. 하나님 나라만이 유일한 영적 왕국이며, 하나님은 세대를 거듭하여 원수들을 심판하고, 교회는 하나님 나라의 승리에 참여할 것이다. 하나님 나라가 이 땅에 완전히 이뤄질 때까지 교회는 성장하며 전진할 것이며, 예수님의 재림 전에 강력한 연합과 성숙으로 일어날 것이다.

톰 라이트의 새 창조 종말론

톰 라이트는 현대 교회가 성도의 종말을 '사후 천국행'으로 이해하는 현실에 문제 의식을 느끼고 『마침내 드러난 하나님 나라』를 집필했다.[20] 그는 사후 천국행을 중간 단계로 보며, 성도의 종말은 육체의 부활이라고 주장했다. 즉, 역사의 종말에 모든 개인이 육체적으로 부활한다고 한다. 이를 위해 그는 예수 그리스도의 부활, 예수 그리스도의 재

---

20) 톰 라이트/ 양혜원 옮김, 『마침내 드러난 하나님 나라』(서울: IVP, 2007/2009). 이 책은 2007년 *Surprised by Hope*이라는 제목으로 출판되었다.

림, '새 하늘과 새 땅'에서 하늘과 땅의 결합과 하나님의 만유 내재에 대해 차례로 논의했다.

첫째, 톰은 부활을 역사상 유례가 없는 사건으로 본다. 그리스-로마 이교주의는 죽음을 정복할 수 없는 존재로 보았고, 플라톤은 육체 없는 영혼의 불멸을 기대했다. 유대인은 역사 마지막에 모든 사람의 보편적 부활을 기대했다. 그러나 초대 교회는 예수 그리스도의 육체적 부활을 경험했다. 예수의 부활의 몸과 함께 살면서 부활의 현실을 수용하게 되었다.

둘째, 톰은 신자의 '휴거' 대신 예수 그리스도의 '재림'을 강조한다. 세대주의는 데살로니가전서 4:16-17에 근거하여 신자의 공중 휴거를 주장한다. 예수가 다시 오셔서 참 신자들을 악한 세상에서 데려가 예수와 함께 있게 할 것이라고 해석한다. 그러나 이 구절은 문자적 표현이 아니라 비유적 표현이다. 공중에서 주를 영접한다는 것은 성도들이 반역하는 영적 세력 앞에서 예수를 참된 왕으로 영접하는 것을 의미한다.

셋째, 톰 라이트는 요한계시록 21장에서 '새 하늘과 새 땅'의 새 창조와 '새 예루살렘'의 하늘에서 내려오는 모습을 상세하게 논의한다. "새 하늘과 새 땅을 보니 처음 하늘과 처음 땅이 없어졌고 바다도 다시 있지 않더라"(계 21:1). 그는 하늘과 땅의 결합을 '하늘과 땅의 결혼'이라는 이미지로 설명한다. 새 하늘과 새 땅에서 하늘과 땅은 새로운 방식으로 결합되며, 새 예루살렘이 하늘에서 땅으로 내려온다. "거룩한 성 새 예루살렘이 하나님께로부터 하늘에서 내려오니 그 준비한 것이 신부가 남편을 위하여 단장한 것 같더라"(21:2).

그는 요한계시록 21장에서 하늘과 땅의 결합 이후 하나님의 만유 내재를 상상한다. 하나님이 모든 것과 함께 거하실 것이며, 모든 것이 하나님과 함께 있게 될 것이다. "하나님의 장막이 사람들과 함께 있으매 하나님이 그들과 함께 계시리니 그들은 하나님의 백성이 되고 하나님은 친히 그들과 함께 계셔서 … 처음 것들이 다 지나갔음이러라"(계 21:3-4, 참고 고전 15:28).

그는 승천과 재림 사이의 교회의 선교적 삶에 대해서도 논의한다. 성도는 부활 백성으로서 예배하고 선교하며 하나님의 새 창조에 참여하는 삶을 살아야 한다. 성도들은 정의, 아름다움, 전도라는 세 가지 일을 통해 하나님의 새 창조 회복 프로젝트에 참여해야 한다. 정의는 하나님이 이 세상을 바로잡는 것이다. 교회는 세상에서 불의한 일을 바로잡는 일에 열심을 내야 한다. 아름다움은 하나님이 추한 세상을 온전하게 회복하는 일이다. 교회는 저급함과 감상주의와 잔혹주의와 심미주의를 넘어, 추악 속에서도 아름다움을 추구해야 한다. 전도는 예수의 부활 소식을 전하는 것이다. 교회는 정의를 실현하고 아름다움을 창조하는 일을 홍보하고 안내해야 한다. 새로운 회심자들이 하나님 나라 프로젝트의 일부가 되게 해야 한다.

그는 요한계시록 22장에서 하나님의 새로운 세계에서 육체로 부활한 성도들의 삶을 상상한다. 새 예루살렘이 새 땅으로 내려오면 새로운 시간-공간-물질계가 창조되며, 성도들은 하나님의 새로운 세계를 지혜롭게 다스릴 것이다. 새 창조의 일이 계속 이어질 것이다. 생수의 강이 보좌로부터 나와서 밖으로 흘러나갈 것이다. "강 좌우에 생명 나무가 있어 열두 가지 열매를 맺되 달마다 그 열매를 맺고 그 나무 잎사귀들은 만국을 치료하기 위하여 있더라"(계 22:2). 강의 양 둑에 많은 생명 나무가 자라고, 잎사귀가 계속 열방을 치유할 것이다. 하나님은 언제나 놀라움의 하나님이시니, 계속하여 우리를 놀라게 하실 것이다. 하나님은 온 세상과 우주와 온 인류를 구출하시고 재창조, 새 창조하신 후에도 하나님의 일을 계속하실 것이다.

요약하면, 성경은 하나님이 예수의 첫 부활과 종말의 부활을 통해 하나님 나라를 완성하는 승리의 이야기이며, 예수 그리스도의 재림과 하늘과 땅의 결합, 그리고 하나님의 만유 내재를 통해 새 창조를 완성하는 회복의 이야기이다. 하나님은 천지 창조 이후 이 땅에서 하나님의 뜻을 점진적으로 계시하고 성취하셨으며, 인류와 협력하여 만물을 회복하기로 결정하셨다.

종말의 현상에 대해 휴거 문제와 적그리스도의 통제 체제에 대해 두려워하는 신자들이 있다. 데살로니가후서 2장의 "불법의 사람"(살후 2:3-10)과 요한계시록 17장의 "짐승"을 적그리스도로 보고, 미래의 세계 정부의 지도자의 모습으로 나타날 것이라고 보는 이들이 많다. 하지만, 헨드리쿠스 베르코프(1914-1995)는 『그리스도, 역사의 의미』에서 적그리스도가 그리스도의 그림자일 뿐이라고 보았다.[21] 적그리스도는 자기

---

21) Hendrikus Berkhof, *Christ the Meaning of History*, tr. by Lambertus

를 신격화하는 인물이다. 다니엘의 '짐승'은 디오클레티안, 모하메드, 교황, 터키, 계몽주의, 자유주의, 히틀러, 스탈린 안에서 반복적으로 나타났다. 그러나 적그리스도는 그리스도의 그림자일 뿐이다. 적그리스도는 그리스도의 통치 아래에서 일시적으로 역사한다. 적그리스도 세력은 그리스도의 나라의 승리를 증거할 뿐이다. 적그리스도 세력은 결국 하나님의 승리를 증거하는 것일 뿐이며, 종말의 결론은 해피엔딩으로, 하나님이 승리할 것이다. 신자들은 예수 그리스도의 권세로 대적하여 싸워 이기면 된다.

적그리스도들이 나타나더라도 그들이 이길 일은 없다. 하나님은 항상 이기신다. 역사의 종말에 사탄이 뿌려놓은 씨가 무성하게 자라날 것이다. 그러니 환난이 많아질 것은 확실한 것 같다. 그러나 하나님은 하나님의 백성에게 환난을 이기고 극복할 지혜와 능력을 주실 것이다. 종말의 시즌에 악이 더 번성할 것이다. 하나님이 무저갱에서 마귀 세력을 풀어놓으신다고 하셨다. 그러나 성령의 역사가 더 클 것이다. 악령의 바람과 성령의 바람이 충돌하고 대격변도 일어날지도 모른다. 요한계시록은 이것을 각오하고 준비하라고 말씀하신다. 그래도 결론은 해피엔딩이다. 마귀와 적그리스도 세력은 하나님 나라에 대들다가 결국 망할 것이다. 하나님은 아마겟돈에서 대적들을 한데 모아 일망타진하실 것이다. 하나님이 구속의 역사를 완성하시는 과정에 대한 설명이 다

Buurman(Grand Rapids: Baker Book House, 1979), 112-121. 이 책은 1958년 네덜란드어로 출판되었고, 1959년 3판 때 크게 수정되었고, 1962년 처음 영역되었다.

를 수 있다. 그러나 결론은 분명하다. 하나님이 이기신다. 우리가 할 일은 단순하다. 예수 그리스도가 주신 권세로 대적하여 싸워 이기면 된다. 지상 최후의 전투가 우리를 기다리고 있다.

2장
모든 성경 본문에서 그리스도의 복음을 선포하기

1. 팀 켈러의 복음 신학

팀 켈러는 2012년 『센터 처치』를 썼다.[22] 복음이 이끌어가는 도시 목회 사역이 대단했다. 10여 년 동안 '선교적 교회'를 공부해 온 내게, 복음주의 대형 교회가 뉴욕시 한복판에서 선교적 교회를 일으켰다는 사실이 놀라웠다. 팀 켈러는 현재 복음주의 교회들이 복음의 열매를 잘 맺지 못하고 있다고 말했다. 복음을 잘못 이해하고 있기 때문이라고 했다. 교회 사역이 복음에 의해 이루어지는 사역이 아니라고 했다. 그는 왜 이렇게 듣기 거북한 소리를 할까?

그는 복음은 좋은 충고가 아니라 '기쁜 소식'이라고 했다. 복음('유앙

---

[22] 팀 켈러/ 오종향 옮김, 『센터 처치』(서울: 두란노, 2016). 이 책은 2012년 *Center Church: Doing Balanced, Gospel-Centered Ministry in Your City*라는 제목으로 출판되었다; 팀 켈러/ 오종향 옮김, 『복음으로 세우는 센터 처치』(서울: 두란노, 2018).

겔리온')은 당시 백성을 위험에서 구출한 사건이 발생했음을 선포할 때 사용된 용어다. 복음이 무엇인가? 어떤 사건에 대한 기쁜 소식인가? 인간이 가장 근원적인 위험과 곤경으로부터 구출되는 사건이 일어났다는 소식이다. 인간의 가장 근원적 위험과 곤경이 무엇인가? 역사의 마지막에 다가올 하나님의 진노하심이다. 우리는 심리적으로 자신과 단절되었고, 사회적으로 타인과 단절되었고, 육체적으로 자연과 단절되었다. 그러나 가장 근원적 문제는 영적으로 하나님과 관계가 단절된 것이다. 하나님과 화해하는 문제가 근원적 문제다. 복음은 예수 그리스도가 십자가에서 목숨을 던져 하나님과 우리의 관계를 회복하셨다는 기쁜 소식이다. 복음은 우리가 무엇을 하기 이전에 이미 우리에게 행해진 사건이다.

그는 복음의 사건성을 강조하기 위해 복음과 복음에서 파생되어 나온 것을 구분했다. 복음에서 온갖 좋은 것들이 나온다. 복음으로부터 교회 사역, 윤리, 지혜, 신학, 영성이 나온다. 다 좋은 것들이다. 그러나 복음은 아니다. 복음이 만들어낸 결과물이다. 복음은 사랑의 삶을 살게 하지만, 사랑의 삶이 복음은 아니다. 복음의 결과일 뿐이다. 복음과 복음이 일으킨 결과를 혼동하지 말자. 분리할 수 없으나 구별해야 한다. 그래야 복음의 본질이 지켜진다. 복음이 가져오는 좋은 결과를 바라보다가 복음 자체를 놓치고 복음의 능력을 빼앗기는 일이 흔하다.

그는 율법주의와 율법폐기론이 복음의 능력을 빼앗아 간다고 보았다. 터툴리안의 말을 인용했다. "예수가 두 강도 사이에서 십자가에 못 박히신 것처럼, 복음은 두 오류 사이에서 십자가에 못 박힌다." 십자가 양 옆에 있는 두 강도는 종교와 비종교, 율법주의와 율법폐기론, 도덕주의와 상대주의(실용주의)다. 율법주의는 이렇게 설교한다. "구원받으려면 믿음을 갖고 바른 삶을 살아야 합니다." 율법폐기론은 이렇게 설교한다. "하나님은 당신을 있는 모습 그대로 사랑하시며 용납하십니다." "하나님이 이미 우리를 받아 주셨기 때문에 각자 알아서 살면 됩니다."

율법주의와 율법폐기론과 반대로 복음의 능력은 두 가지 방향으로 움직인다. 첫째, "나는 내가 감히 생각했던 것보다 더 죄인이고 허물이 많은 존재입니다."라고 고백하게 한다. 둘째, "나는 내가 바랐던 것보다 더 많은 사랑을 받고 용납되었습니다."라고 인정하게 한다. 첫 번째 고백은 율법폐기론을 물리치고, 두 번째 고백은 율법주의를 물리친다. 율법폐기론과 율법주의를 동시에 깨뜨리는 일이 쉽지 않다. 한편과 싸우다가 다른 편으로 미끄러진다. 더 위험한 오류를 피하려 하다가 덜 두려워하는 오류에 빠진다. 율법주의와 율법폐기론 대신 온전한 복음을 붙들어야 한다. 그래야 삶의 모든 영역에서 변화가 일어난다. 가장 큰 문제, 하나님과 단절된 문제를 해결하면, 삶의 다른 문제들도 자연스럽게 해결된다.

복음을 설교하기가 쉽지 않다. 흔히 교리나 윤리를 설교한다. 그러나 교리와 윤리를 설교하는 것은 복음을 설교하는 것이 아니다. 교리나 윤리를 강의하는 것이다. "복음은 하나님께서 그리스도를 통해 우리의 구원을 이루시고 우리와 하나님의 관계를 바르게 만드시며 궁극적으로는 세상 모든 죄의 결과를 없애실 것임을 선포하는 기쁜 소식이다." 흔히 성경의 내용을 가지고 설교한다. 그러나 성경 내용을 설교해도 복음을 설교하는 것은 아니다. 예수 그리스도가 성취하신 복음을 선포하지 않으면 성경 강의일 뿐이다. 성경 전체에 대한 기본 지식은 필요하다. 그러나 하나님과 인간에 대한 성경적 교리 지식은 '복음의 전제'일 뿐이다. 성경과 교리 지식은 복음 이해에 필수적이지만 복음 자체는 아니다.

팀 켈러는 복음의 사건성에 이어 맥락성을 강조했다. 복음은 단순하지만 동시에 복잡하고 풍요로운 성경의 맥락 안에서 일어났다. 예수 그리스도가 선포하신 복음은 성경 전체의 내러티브 안에서 일어난 소식이다. 복음은 4개의 챕터(chapters)를 갖고 있다. 1장은 하나님과 창조에 대한 이야기다. 우리는 하나님으로부터 창조되었다. 2장은 인간의 죄에 대한 이야기다. 우리는 하나님의 권위에 반역하고 죄의 권세 아래 속박 당했다. 3장은 예수 그리스도가 인류와 세계를 구속하신 이야기다. 예수 그리스도는 성육신과 십자가의 대속으로 만물을 회복시키셨다. 4장은 우리의 구원에 대한 이야기다. 우리는 예수 그리스도의 십자가의 대속 사건을 믿고 복된 구원을 누린다.

1장은 "우리는 어디서 왔는가?"에 대한 것이다. 2장은 "무엇이 잘못되었는가?"에 대한 것이다. 3장은 "어떻게 문제를 해결하는가?"에 대한 것이다. 4장은 "나는 어떻게 바르게 되는가?"에 대한 것이다. 1장과 2장과 4장은 복음이 아니라 복음의 서론과 결론이다. 3장이 복음의 본론이다. 하나님에 관한 1장과 죄에 관한 2장은 복음을 이해하는 데 필요한 배경 정보를 담고 있다. 4장은 복음에 대한 우리의 반응과 구원에 대해 말하고 있다. 3장의 복음은 예수 그리스도가 누구신지, 예수 그리스도가 무슨 일을 성취하셨는지를 말하고 있다. 성경에서 네 가지 스토리라인에 주목하자. 하나님이 우리에게 원하시는 것은 무엇인가?(창조), 우리에게 일어난 일은 무엇이며 세상은 어떤 문제가 있는가?(타락), 하나님이 예수 그리스도 안에서 무엇을 하셔서 상황을 바로잡으셨는가?(구속), 역사의 결과는 어떻게 될 것인가?(회복), 네 장이 모두 복음이지만 특별히 3장이 복음의 핵심이다. 우리가 무엇을 성취해야 한다는 것이 아니라 무언가 위대한 것이 성취되었다는 소식이 우주의 무게로 다가온다.

팀 켈러는 복음을 표준화된 방식으로 환원주의적으로 전하지 말고 성경의 다양한 주제를 통해 풍성하게 전해야 한다고 보았다. 신구약 성경을 관통하고 연결하는 주제들(intercanonical themes)이 모두 다 예수 그리스도 안에서 성취되었기 때문이다. 그는 특별히 대표적인 성경의 세 가지 주제를 예시로 설명했다. 첫째는 유배(추방)와 귀향이고, 둘째는 언약과 성취이고, 셋째는 왕국과 그 도래다.

'유배와 귀향'이라는 주제와 관련하여 그는 복음을 이렇게 설명했다. 첫째, 하나님이 에덴 동산을 쉼과 평강의 장소로 만드셨다. 둘째, 인간의 독립 요구와 자기 중심성이 동산의 평강을 파괴했다. 셋째, 이스라엘이 이집트에서 구출받고 가나안 땅에 정착했으나 다시 바벨론으로 추방되어 유배 생활을 했다. 넷째, 예수 그리스도가 십자가에서 버림을 받았으나 다시 사시고 죽음의 권세를 깨뜨리셨다. 다섯째, 하나님이 이 땅에 하나님의 동산을 회복할 것이다.

'여호와-언약'의 주제는 이렇게 복음과 연결시켰다. 첫째, 하나님이 인간을 창조하여 하나님과 신실한 언약적 사랑(헤세드)의 관계를 맺으셨다. 둘째, 인간이 하나님께 반역하고 하나님의 저주와 진노를 받았다. 셋째, 이스라엘이 하나님에게 하나님의 율법에 신실하도록 부름을 받았으나 배반하고 불법을 저질렀다. 넷째, 예수 그리스도가 고난받는 종이며 동시에 새 언약의 주님으로서 죄와 불법의 저주를 대신 받으셨다. 다섯째, 하나님이 어린 양의 혼인잔치에서 신실한 신부들을 다시 부를 것이다.

'하나님 나라' 왕국의 주제는 이렇게 복음과 연결시켰다. 첫째, 하나님이 이 땅을 다스리기 위해 인간을 창조하고 대리 통치자로 세우셨다. 둘째, 인간이 사탄의 거짓말에 속아 자기 나라를 세우려 했다가 사탄의 통치에 예속되고 온갖 우상을 섬기게 되었다. 셋째, 이스라엘은 왕정에서 실패하고 참된 왕을 기다렸다. 넷째, 예수 그리스도가 진정한 왕으로 오시어 우리를 세상과 육신과 마귀로부터 해방시키셨다. 다섯째, 하나님이 만유의 주로서 인간과 창조세계를 포함하여 만물을 회복하고 다스리실 것이다.

2. 팀 켈러의 복음 설교

팀 켈러는 성경 모든 본문에서 복음을 설교해야 한다고 강조한다.[23] 어떻게 모든 성경 본문에서 복음을 설교할 수 있을까? 모든 본문에서 그리스도를 설교하면 된다.[24] 그것이 어떻게 가능한가? 성경 전체는 그리스도를 가리키고 있고(눅 24:44-45), 각 본문은 성경의 중심인 그리스도와 구원의 복음을 가리키고 있기 때문이다. 그는 성경의 각 본문을 그리스도와 연결하는 6가지 방식을 제시한다.

첫째, 성경의 모든 문학 장르, 모든 부분에서 그리스도를 설교하라고 한다. 성경의 각 부분은 각기 다른 방식으로 그리스도를 가리킨다. 예를 들어, 족장 이야기에서 그리스도는 이스라엘 족장들의 소망이시다. 출애굽기에서 신명기로 가면 예수 그리스도는 모세의 반석이시다. 의식법과 도덕법의 완성자시고, 마지막 성전이시다. 모세 이후 이스라엘의 역사로 가면, 그리스도는 여호와의 군대 대장이시다(수 5). 진정한 이스라엘의 왕이시고, 진정한 이스라엘이시다. 시편으로 가면, 그리스도는 이스라엘의 찬송하는 자이시다(히 2:12). 선지서로 가면, 그리스도는 약속된 왕이시며(사 1-39), 고통받는 종이시고(사 40-55) 세상의 치유자시다(사 56-66). 잠언에서 그리스도는 진정한 하나님의 지혜이시다(고전 1:22-

---

23) 박현신의 『가스펠 프리칭: 7가지 키워드로 열어보는 팀 켈러의 설교 세계』(서울: 솔로몬, 2021)는 팀 켈러의 설교를 심층적으로 연구한 책으로, 팀 켈러의 설교를 이해하는 데 많은 도움을 준다.
24) 팀 켈러/ 채경락 옮김, 『설교』.

25). 구약의 모든 장르와 모든 부분은 그리스도를 향하고 있으며, 각기 다른 방식으로 그분이 누구인지를 알려준다.

둘째, 성경의 모든 '주제'로 그리스도를 설교하라고 한다. 성경은 다양한 주제로 가득하다. 특정 본문을 관통하면서도 성경 전체를 가로지르는 주제들이 있다. 예를 들어, '왕국'과 관련하여 그리스도는 이 땅에 오신 진정한 왕이시다. '언약'과 관련하여, 그리스도는 십자가의 죽음을 통해 언약을 온전히 성취하셨다. '하나님의 임재와 예배'와 관련하여, 그리스도는 하나님의 임재로 가는 길을 여셨다. '안식'과 관련하여, 그리스도는 십자가에서 하나님께 버림받는 우주적 공허를 체휼하시고 우리에게 하나님의 무조건적 용납을 경험하게 하셨다. '공의와 심판'과 관련하여, 그리스도는 우리를 위해 심판을 당하신 심판자로서 미래의 심판 날을 맞이할 수 있게 하셨다. '의로움'과 관련하여, 그리스도는 십자가에서 벌거벗겨지심으로 우리에게 의의 겉옷을 입혀 주셨다(사 61:10).

셋째, 성경의 모든 주요 '인물'로 그리스도를 설교하라고 한다. 모든 선지자, 제사장, 왕, 사사 등 모든 종류의 구원이나 구출, 구속을 이루는 리더들은 모두 그리스도를 가리킨다. 예수는 모든 사사, 선지자, 제사장이 가리키는 그 인물이고, 왕들의 왕이시다. 예수 그리스도는 진정한 아담, 진정한 아벨, 진정한 아브라함, 진정한 이삭, 진정한 야곱, 진정한 요셉, 진정한 모세, 진정한 반석, 진정한 욥, 진정한 다윗, 진정한 에스더, 진정한 요나이시다.

넷째, 성경의 모든 주요 '이미지'에서 그리스도를 설교하라고 한다. 비인격적인 사물과 패턴 중에도 그리스도를 가리키는 이미지나 예표가 많다. 이런 상징들 가운데 상당수가 그리스도 안에서 완성되는 은혜의 구원을 생생하게 묘사한다. 예를 들어, 광야의 구리뱀, 반석으로부터 솟아난 생수, 희생제사, 성전 제도, 안식일, 희년 율법 등이 있다. 예수는 모든 제사가 가리키는 제사며(히 10), 성소의 빛이고(요 8), 성전 그 자체로서 하나님의 임재를 중개하신다. 예수는 음식과 정결에 관한 모든 율법을 완성하신다(행 10-11). 예수는 유월절 어린 양이시다(고전 5:7).

다섯째, 모든 '구원 이야기'에서 그리스도를 설교하라고 한다. 죽음을 통한 생명, 약함을 통한 승리라는 내러티브 패턴은 그리스도를 가리킨다. 사랑하는 백성을 구해내기 위해 모든 것을 잃을 위험을 감수하며 수고한 에스더와 룻은 그리스도께서 우리에게 구원을 선물하신 것을 미리 보여준다. 다윗과 골리앗 이야기는 하나님이 대리자의 연약함을 도구 삼아 거인을 물리치신 이야기다. 예수 그리스도도 죄와 죽음이라는 궁극적 거인과 상대하면서 연약함으로 승리하셨고 그분의 승리가 우리에게 전가된다.

여섯째, '본능'적으로 그리스도를 설교하라고 한다. 성경 본문에서 그리스도에 이르는 연결선은 직관으로 가장 잘 감지된다. 성경을 읽는 것은 마지막 엔딩을 생각하며 영화를 보는 것과 같다. 모든 이야기의 모든 맥락이, 모든 주제의 절정이 그리스도께로 수렴되기 때문이다. 예를 들어, 사사기 19-21장의 레위인과 첩의 이야기 같은 끔찍한 이야기에서도 반면교사로서의 예수 그리스도를 설교할 수 있다. 자기 한 몸 지키려고 아내를 희생시키는 남자를 보면서, 배우자를 살리기 위해 스스로를 희생한 진정한 남편 예수를 떠올릴 수 있다(엡 5:22-33).

팀 켈러 사역을 이어받아 도시 복음 사역을 하는 스티븐 엄 목사가 있다. 그는 성경은 그리스도의 복음을 가리키는 복음 조각들(gospel pieces)로 가득하다고 말한다.[25] 성경의 모든 부분은 예수 그리스도의 인격과 사역을 통해 성취되고 완성된 바를 가리키고 있다. 성경에 네 가지 종류의 복음 조각이 있다. '주제 해결', '율법 수용', '이야기 완성', '상징 성취'다.

첫째, '주제 해결'은 구약 성경의 주제들이 예수 그리스도 안에서 성취되었다고 해석하는 것이다. 예를 들어, '은혜와 율법'이라는 주제가 있다. 예수 그리스도는 "은혜와 진리"(요 1:14)가 충만하신 인격으로 이 주제를 성취하셨다.

둘째, '율법 수용'은 인간이 지키지 못한 하나님의 율법을 예수 그리스도가 순종하여 성취하였다고 해석한다. 율법의 모든 요구 사항들을 성취하시고 우리가 율법 위반으로 받을 형벌을 대신 받으셨다.

셋째, '이야기 완성'은 구약의 구원 이야기가 예수 그리스도 안에서 완성되었다고 해석하는 것이다. 예를 들어, 출애굽 이야기는 예수 그리스도의 구속 사역을 예표하고 있다.

---

25) 스티븐 엄 엮음/ 장성우 옮김, 『복음만이 모든 것을 바꾼다』(서울: 두란노, 2019). 스티븐 엄은 보스턴의 시티라이프장로교회(Citylife Presbyterian Church)의 담임목사이자 고든콘웰신학대학원에서 신약학 교수이다.

넷째, '상징 성취'는 구약의 상징들이 예수 그리스도 안에서 성취되었음을 강조한다. 성막, 희생제사, 유월절 어린 양 등이 예수 그리스도를 예표한다는 해석이다.

팀 켈러가 모든 성경 본문에서 복음을 선포하기 위해 그리스도를 중거하는 것을 보고 나는 크게 회개했다. 나는 왜 설교에서 예수 그리스도를 높이지 못했을까? 삶에서 하나님께 영광을 돌리겠다고 나름 애를 많이 쓴 편이다. 그런데 왜 설교에서 하나님이 이루신 가장 큰 일, 예수 그리스도의 구속 사건을 성경이 의도한 만큼 높이지 못했을까? 사탄이 내 눈을 가려도 이렇게까지 가릴 수 있을까? 몰려오는 수치심에 한동안 어쩔 줄 몰라 했다.

3장
원 포인트 설교

2014년 4월 4일, 박영재 목사를 처음 만났다. 미국 남침례교의 설교학 전통에 대한 이야기를 듣고 놀랐다. 30대는 뭘 모르고 설교했고, 40대는 열정으로 설교했고, 50대에 이르러 인간에 대한 긍휼을 갖고 설교하셨다는 말이 기억난다. 당시 두 가지 설교 유형이 있다는 설명을 처음 들었다. 한 가지에서 세 가지로 뻗어가는 송이버섯형 설교가 있고, 한 줄기에서 계속 논리적으로 뻗어가는 대나무형 설교가 있다는 것이다. 삼대지 설교는 송이버섯형이고, 원 포인트 설교는 대나무 마디형이라고 하셨다. 원 포인트 설교에 대해 처음 들으며 저런 설교가 가능한가 의아해 했다. 2018년『원 포인트로 설교하라』를 출판하셨다.[26] 책을 읽었다. 원 포인트 설교가 이해되었다.

---

26) 박영재,『원 포인트로 설교하라』(서울: 요단, 2018).

1. 원 포인트 설교란 무엇인가

원 포인트 설교는 하나의 주제를 다루는 설교다. 본문에서 하나의 주제를 끄집어내어 그 주제에 맞는 목적을 세우고, 그 목적을 성취하기 위해 연속성과 역동성을 가지고 절정을 향해 나간다. 원 포인트 설교는 하나의 개념을 깊이 있게 발전시키는 방식으로, 일관된 논리를 전개하여 하나의 주제 또는 대지의 절정을 향해 나아간다. 이를 위해 줄거리(plot)를 구성해 나간다. 원 포인트 설교 형태는 대나무의 마디마디처럼 계속 뻗어 나가며 보통 세 개의 마디(두 개 혹은 네 개의 마디도 가능)를 가진다. 즉, 일 단계, 이 단계, 삼 단계의 논리적 전개를 통해 한 아이디어를 점점 깊이 발전시켜 설교의 절정인 마지막 세 번째 단계에 이르게 한다. 하나의 주제만을 다루며, 역동적 전개 과정을 위해 일정한 구조(플롯)를 갖춘다. '주제, 역동적 전개 과정, 구성' 이 세 가지가 원 포인트 설교의 3요소이다.

원 포인트 설교는 삼대지 설교와 어떻게 다른가? 삼대지 설교는 본문을 소위 '쪼개는 일' 즉 현미경적 관찰과 분석을 통해 본문에서 세 가지 개요를 끄집어낸다. 삼대지 설교는 가르치는 목적에는 효과적이다. 하지만 본문에서 한 가지 혹은 두 가지 개요밖에 발견하지 못하면 문제가 발생한다. 이럴 때 억지로 세 가지 개요를 만들면 부자연스러운 설교가 된다. 무리한 세 가지 개요를 전개하면 설교의 흐름이 끊긴다.

박영재는 삼대지 설교와 원 포인트 설교의 차이를 이렇게 설명한다. 다음은 삼대지 설교의 예다:

본문: 누가복음 5:10-11

제목: 빈 그물의 인생을 찾아오시는 주님

주제: 주님은 성도가 잃어버린 것을 회복하도록 도우신다.

목적: 실패한 인생을 찾아오신 주님을 의지하여 잃어버린 것을 회복하게 한다.

개요

서론: 주님은 부둣가에서 빈 그물을 씻고 있는 제자들을 찾아오신다. 지금도 주님은 실패한 인생에게 찾아오신다.

본론: 왜 찾아오시는가?(1-2절)

1) 축복하시려고 찾아오신다(3-6절).

2) 구원하시려고 찾아오신다(7-8절).

3) 제자 삼으려고 찾아오신다(9-11절).

이 설교는 논리적 연결이 없는 나열식으로, 3가지 개요가 서로 독립적이고 연계성이 없다. 다음은 같은 본문을 원 포인트 설교로 바꾸어 본 예이다:

본문: 누가복음 5:10-11

제목: 실패의 인생을 찾아오시는 주님

주제: 주님은 실패한 자녀를 회복시키신다.

목적: 말씀에 온전히 순종하여 실패의 인생을 축복으로 나아가게 한다.

개요

1) 주님은 실패한 인생을 찾아오신다(1-2절).

2) 왜 찾아오시나? 실패를 회복시키시려고 찾아오신다(6-7절).

3) 어떻게 회복시키시나? 말씀에 순종하게 하여 회복의 은총이 나타나게 하신다(3-5절).

이 설교는 한 주제만을 직렬식으로 논리를 전개하여 절정에 이르게 한다. 한 가지 주제만 직렬식으로 논리를 전개하여 절정에 이르게 한다. 단순히 하나의 개요만 있다고 해서 원 포인트 설교가 되는 것은 아니다. 논리적 발전이 있어야 한다. 박영재는 위의 내용을 더 발전시켜 구체적인 예를 보여주었다.

1) 주님은 실패한 인생을 찾아오신다(1-2절).

본문: 주님은 빈 그물의 어부들을 찾아오셨다.

적용: 주님은 지금도 우리의 실패한 인생, 실패의 현장에 찾아오신다.

권면: 가끔 실패하여 가슴 아플 때 주님의 찾아오심을 기억하며 그분의 음성을 듣고 위로받고 새 힘을 얻는 성도들이 되자.

2) 왜 찾아오시나? 실패를 회복시키시려고 찾아오신다(6-7절).

본문: 주님은 어부들의 밤샘의 헛수고를 단숨에 채워주셨다.

긍정 예화: 실패한 후 찾아오신 주님 만나고 새 힘 얻어 회복한 현대인의 예

적용: 지금도 주님은 실패한 인생들을 찾아와 회복시킨다. 찾아오신 주님 만나 회복하는 성도가 되자.

3) 어떻게 회복시키시나? 말씀에 순종할 때(5절).

본문: 어부가 말씀에 순종할 때 회복의 기적이 일어났다(5절).

긍정 예화: 실패한 후에 찾아오신 주님께 온전히 순종하여 회복한 사람의 예

적용: 내 생각 내려놓고 하나님 말씀을 따를 때 모든 것이 제자리로 돌아오는 회복을 경험한다.

박영재는 둘째 개요는 키워드를 찾는 질문이고, 셋째 개요는 더 발전된 질문이라고 설명했다. 이 설교는 온전히 순종할 때 회복시켜 주신다는 개요를 전개하기 위해 '결과, 이유, 해결책'이라는 레토릭을 사용했다고 한다.

삼대지 설교도 장점이 많지만, 모든 설교를 삼대지로 할 필요는 없다. 하나의 대지만 있어도 원 포인트로 설교할 수 있다면 더 자유롭고 풍성하게 설교를 구성할 수 있다. 원 포인트 설교만으로 설교할 필요는 없지만, 원 포인트 설교는 장점이 많다. 본문을 통해 주제를 결정하고, 본문을 분석하며, 가장 큰 아이디어(key word)로 설교의 주제를 삼고, 이 주제를 근거로 설교 목적을 만들기 때문에 성경 본문에 충실하다.

원 포인트 설교는 강해 설교의 약점을 극복할 수 있는 장점이 있다. 강해 설교는 본문에 나오는 모든 키워드를 다 다루려 하기 때문에 깊이가 얕아질 수 있다. 본문의 주요 단어를 다 언급하려는 생각이 설교를 얕게 만든다. 반면에 원 포인트 설교는 하나의 주제로 논리를 발전시키며 '왜? 어떻게?' 등의 질문을 던짐으로써 본문의 깊은 진리를 찾는다. 본문 안의 다른 주제는 다루지 않고 한 주제를 깊이 있게 다루어 깊이 있는 설교를 할 수 있게 해준다.

2. 어떻게 원 포인트 설교를 구성하는가

박영재는 원 포인트 설교를 만드는 과정을 다섯 단계로 설명했다. 이 다섯 단계를 하나씩 자세히 살펴보자.

1) 키워드 찾기

첫째, 본문을 반복적으로 읽으면서 본문의 키워드를 찾는다. 이는 본문에서 가장 중요한 개념이나 메시지를 끄집어내는 작업이다. 본문을 여러 번 읽고 소주제를 붙이며, 소주제 중에서 가장 핵심적인 키워드를 선택한다. 이 과정에서 본문이 자연스럽게 키워드를 결정하게 한다.

2) 주제문과 목적문 만들기

둘째, 키워드를 찾은 후에 전할 주제를 한 문장으로 요약하고 설교 목적을 세운다. 주제문은 본문을 한 마디 한 문장으로 표현한 것으로, 주어와 동사가 포함된 평서문이 좋으며, 동사는 현재형으로 작성한다. 주제가 결정되면 설교 목적을 세운다. 설교 목적에는 일반적 설교 목적과 특별한 설교 목적이 있다. 일반적 설교 목적은 청중이 하나님의 은혜를 만나게 하는 것이며, 특별한 설교 목적은 이 설교에서 성취하고 싶은 특정한 목표이다. 좋은 설교는 이 두 가지 목적을 모두 달성한다.

3) 다양한 질문 던지기

셋째, 설교 목적을 세운 후에 키워드를 둘러싼 주변 진리들에 대해 다양한 질문을 던진다. 육하원칙(누가, 언제, 어디서, 무엇을, 어떻게, 왜)을 활용하어 키워드의 긍정적 측면과 부정적 측면, 반대 개념 등을 생각해 본다. 이를 통해 키워드와 관련된 여러 단어나 지식을 발견하고, 설교를 만드는 데 활용한다.

4) 설교의 기능 요소 추가하기

넷째, 설교의 기능 요소(functional elements)를 활용하여 개요에 살을 붙인다. 설교의 기능 요소에는 문제 제기(context), 본문 설명(text), 다른 성경 본문 인용(Use other texts in the Bible), 긍정 예화(positive illustrations), 적용(application or appropriation), 권면 적용(suggestion or challenge) 등 6가지가 있다. 이 요소들을 적절히 활용하여 설교를 풍성하게 만든다.

5) 원 포인트 설교 유형 선택하기

다섯째, 본문에서 얻은 주제문(목적문)을 전개하기에 적절한 원 포인트 설교 유형을 선택한다. 박영재 목사는 6개의 원 포인트 설교 유형을 소개했다.

PRS 스타일
명제, 반전, 반전 이유(해결책), 반응으로 구성된다.
[1] 명제: 믿음은 삶을 변화시킨다.

[2] 반전: 그러나 많은 사람들은 이를 경험하지 못한다.

[3] 반전 이유: 왜냐하면 믿음의 본질을 이해하지 못하기 때문이다.

[4] 반응: 따라서 믿음의 본질을 깨닫고 실천해야 한다.

NPS 스타일

부정과 긍정을 비교하며 해결책을 찾는다.

[1] 부정: 불신앙은 영적 성장을 방해한다.

[2] 긍정: 그러나 신앙은 삶을 변화시킨다.

[3] 해결책: 신앙을 강화하는 방법을 배우자.

[4] 반응: 신앙 생활에 더욱 충실하자.

PNS 스타일

긍정과 부정을 비교하며 해결책을 찾는다.

[1] 긍정: 사랑은 공동체를 강화한다.

[2] 부정: 그러나 미움은 공동체를 파괴한다.

[3] 해결책: 사랑을 실천하자.

[4] 반응: 서로 사랑하는 삶을 살자.

Step by Step 스타일

한 계단씩 절정을 향해 나아간다.

[1] 주의: 세상은 어둡다.

[2] 문제: 많은 사람들이 희망을 잃었다.

[3] 만족: 그러나 희망은 있다.

[4] 확증: 성경은 희망을 약속한다.

[5] 예화: 희망을 가진 사람들의 이야기

[6] 행동: 희망을 전하자.

체인 스타일

긍정 결과를 밝히고 이유를 찾고 해결책을 찾는다. 세부적으로 세 가지 스타일로 나뉜다.

결과, 이유, 이유

[1] 결과: 믿음은 기적을 만든다.

[2] 이유: 믿음은 하나님의 능력을 작동시킨다.

[3] 이유: 믿음은 우리를 변화시킨다.

긍정 결과, 이유, 방법

[1] 긍정 결과: 신앙은 삶을 변화시킨다.

[2] 이유: 하나님과의 관계를 강화한다.

[3] 방법: 기도와 말씀 공부를 실천하자.

문제 제기, 원인, 반대 개념 및 유익들, 해결책

[1] 문제 제기: 왜 우리는 평안을 찾지 못하는가?

[2] 원인: 세상에 집중하기 때문이다.

[3] 반대 개념 및 유익들: 하나님께 집중하면 평안을 얻는다.

[4] 해결책: 하나님께 집중하자.

내러티브 스타일

이야기 형식으로 사건을 전개하며 해석을 가미한다.[27]

기승전결 - 발단, 갈등, 절정, 대단원

[1] 발단: 한 사람이 길을 잃었다.

[2] 갈등: 어려움을 겪었다.

[3] 절정: 도움을 받았다.

[4] 대단원: 새로운 길을 찾았다.

평형을 깨뜨리고 모순의 이유를 드러낸다.

[1] 문제 제기: 왜 우리는 고통을 겪는가?

[2] 원인 분석: 인간의 죄 때문

[3] 해결책: 회개와 구원

[4] 복음 경험하는 확신: 예수님을 믿자

[5] 결과를 기대하는 소망: 구원을 받는다.

---

[27] 내러티브는 이야기 안에 서술자의 해석이 첨가된 것을 말한다. 해석이 가미된 이야기가 내러티브다. 성경의 10분의 9가 이야기이며 내러티브다.

이 다섯 단계를 통해 설교를 준비하면, 주제를 명확히 하고 일관된 논리로 설교를 전개하여 청중에게 깊은 인상을 남길 수 있다.

김진홍 목사도 『깊은 설교 얕은 설교』를 출판하셨다.[28] 그의 간증은 깊은 인상을 남긴다. 교회를 개척하고 전도에 힘써 교회가 300명까지 성장했다. 더 이상 성장하지 못하고 들어오는 만큼 나갔다. 양육의 필요성을 느끼고 양육 프로그램을 도입했다. 교회가 800명까지 성장했으나 다시 정체되었다. 설교를 잘해야 한다는 조언을 받았다. 설교를 배울 곳이 없었다. 노회 내 후배들과 함께 설교 연구 모임을 만들었다. 매 학기마다 전국의 유명 설교학 박사들을 초빙하여 공부했다. 6년 동안 이 연구 모임을 진행하며 설교의 깊이를 깨달았다. 그 후 현장 목사들과 함께 배운 내용을 바탕으로 연구하고 설교를 연습했다. 교회가 1,200~1,300명까지 성장했다.

김진홍은 이 책에서 "깊이 있는 본문 묵상과 다양한 설교 유형이 깊은 설교를 만든다"고 주장했다. 목회에서 설교가 가장 중요하며, 설교 사역은 누가 대신할 수 없는 목사의 사역이다. 깊이 있는 설교를 위해서는 성경 본문을 깊이 묵상해야 한다. 묵상이란 성경 본문을 반복적으로 읽고 깊이 생각하며 그 의미를 음미하는 것이다. 보통 10회에서 20회까지 본문을 정독하며 읽는다. 문장 하나, 단어 하나를 깊이 생각하면서 성령의 음성을 노트에 기록한다. 읽을 때마다 묵상 내용이 달

---

28) 김진홍, 『여러 유형의 설교 준비를 위한 깊은 설교 얕은 설교』(서울: 쿰란, 2020).

라지며, 매번 새로운 깨달음과 느낌을 얻는다.

　김진홍은 좋은 설교를 위해서는 다양한 설교 구성 방법을 묵상해야 한다고 강조하며, 7가지 설교 유형을 소개했다. 1) 3대지 설교, 2) 본문 접맥식 설교, 3) 분석 설교, 4) 4페이지 설교, 5) 원 포인트 설교, 6) 내러티브 설교, 7) 현상학적 전개식 설교 유형이다. 한국 교회에서 설교의 80-90%는 버섯형 삼대지 설교이다. 버섯형은 3대지 설교, 본문 접맥식 설교, 분석 설교다. 대나무 유형은 하나의 주제를 계속 발전시키는 설교로, 4페이지 설교, 원 포인트 내러티브 설교, 현상학적 전개식 설교이다. 버섯형 설교는 설득형으로 설득, 명령, 가르침에 강점을 가지며, 대나무형 설교는 참여형으로 공감과 깨달음에 강점을 가진다. 상세한 설명을 따라잡기는 힘들었으나 그래도 이해는 되었다.

[부록]

설교자로 훈련받는 이들을 위해 김진홍 목사가 제시한 버섯형 설교 유형도 함께 소개한다. 버섯형 설교에는 3대지 설교, 본문 접맥식 설교, 분석 설교가 있다.

첫째는 '3대지 설교'다. 3대지 설교는 성경 본문에서 2-3개의 주제를 뽑아서 구성한 설교를 말한다. 3대지 설교는 이렇게 구성한다.

1. What problem? 문제 제기, 서론
2. What? 본문 설명, 본문의 내용, 본문이 무엇을 말하는가?
3. How? 해결 방법

   1대지 - A. 문제 제기

   　　　 B. 본문 설명

   　　　 C. 적용 (제일 중요한 부분)

   　　　 D. 긍정 예화

   　　　 E. 하나님 주어 및 권면

   2대지

   3대지

둘째는 본문 접맥식 설교다. 3대지 설교는 성경 본문의 나열 순서에 따라 대지를 구성하지만, 본문 접맥식 설교는 설교자의 계획에 따라 자유롭게 구성한다. 3대지 설교는 문제 제기 서론, 본문 설명, 해결 방법으로 설교를 구성한다. 본문 접맥식 설교는 성도들이 이해하기 쉽도록 본문 주석을 추가한다. 신학적 배경, 문화적 배경을 설명한다. '접맥'이라는 용어가 생소하다. 맥락에 접속하여 맥락에 맞게 맥락에 따라 주석한다는 의미로 이해된다. 본문 접맥식 설교는 이렇게 구성한다.

1. What problem? 문제 제기, 서론
2. What? 본문 설명, 본문이 무엇을 말하는가? 주제의 정의
3. Why? 본문의 신학적 배경, 정황(상황) 설명, 육하원칙에 의한 분석 [추가된 부분]
4. How?
   1대지- A. 문제 제기
         B. 본문 설명
         C. 적용 (제일 중요한 부분)
         D. 긍정 예화
         E. 하나님 주어, 설교자 권면
   2대지
   3대지

셋째는 분석 설교다. 윌리엄 에반스가 제안한 유형이다. 분석 설교는 강해 설교에 적절하다. 분석 설교는 이렇게 구성한다.

1. What problem? 문제 제기, 서론
2. What? 본문 설명, 본문이 무엇을 말하는가? 주제, 명제, 목적
3. Why? 필요성
4. How? 해법

   1대지 - A. 문제 제기

   　　　　B. 본문 설명

   　　　　C. 적용 (제일 중요한 부분)

   　　　　D. 긍정 예화

   　　　　E. 하나님 주어, 설교자 권면

   2대지

   3대지
5. What then? 결과 (그렇게 하면 이렇게 된다.)

3. 원 포인트 설교의 유형

원 포인트 설교를 만들어 보니, 무엇보다도 원 포인트 설교의 유형을 선택하는 것이 가장 어려웠다. 그래서 다시 한번 정리해 보려고 한다. 박영재 목사는 6가지 원 포인트 설교 유형을 소개했다. PRS 스타일(명제, 반전, 반전 이유[해결책], 반응), NPS 스타일(부정, 긍정, 해결책, 반응), PNS 스타일(긍정, 부정, 해결책, 반응), Step by Step 스타일(주의, 문제, 만족, 확증, 예화, 행동), 체인 스타일(결과, 이유, 이유/ 긍정 결과, 이유, 방법/ 문제 제기, 원인, 반대 개념 및 유익들, 해결책), 내러티브 스타일(기승전결 - 발단, 갈등, 절정, 대단원/ 문제 제기, 원인 분석, 해결책, 확신, 소망). 김진홍 목사는 4페이지 설교도 원 포인트 설교에 포함시켰다. 나는 두 분의 제안을 모아 원 포인트 설교 유형을 다음과 같이 7가지로 정리했다.

(1) PRS 스타일

Proposition, Reversal, Solution(Reason for Reversal), Response

명제, 반전, 반전 이유(해결책), 반응

[1] 명제: 사람은 죽는다.

[2] 반전: 그런데 그리스도인은 죽지 않는다.

[3] 반전이유: 왜냐하면 예수를 통해 영생의 길로 인도받기 때문이다.

[4] 반응: 그러므로 예수를 믿자.

(2) NPS 스타일

Negative, Positive, Solution, Response

부정, 긍정, 해결책, 반응

[1] 부정: 사랑을 모르면 행복할 수 없다.

[2] 긍정: 사랑을 알면 행복은 극대화된다.

[3] 해결책: 하나님은 우리 행복을 위해 사랑을 쏟으신다.

[4] 반응: 하나님 사랑을 경험한 우리도 하나님께 사랑과 충성으로 반응한다.

(3) PNS 스타일

Positive, Negative, Solution

긍정, 부정, 해결책, 반응

[1] 긍정: 은혜를 알면 감사의 사람이 된다.

[2] 부정: 은혜를 모르면 감사할 줄 모른다.

[3] 해결책: 하나님 은혜를 알 때 최상의 감사를 드린다.

[4] 반응: 감사로 은혜를 베푸는 삶을 살자.

(4) Step by Step 스타일

(한 계단씩) 절정을 향하라

주의, 문제, 만족, 확증, 예화, 행동

[1] 주의를 끄는 단계: 모든 인간은 죄인이다.

[2] 필요(문제 진단)의 단계: 죄인은 죽는다.

[3] 만족의 단계: 그러나 믿는 자는 죽지 않는다.

[4] 확증 단계: 예수와 함께 십자가에 달린 한 강도는 회개하고 구원 받았다.

[5] 시각적 예화 단계: 뒤늦게 예수 믿고 구원받은 확신 속에 사는 친구 아버님의 예

[6] 행동 단계: 그러므로 예수를 영접하고 죄 용서 받아 영생을 누리는 자가 되라.

(5) 체인 스타일

5.1. 결과, 이유, 이유 [꼬리에 꼬리를 무는 스타일]

[1] 부정 결과: 삼손이 비참한 최후를 맞았다.

[2] 이유: 왜 비참해졌는가? 유혹에 넘어갔기 때문이다.

[3] 또 이유: 왜 유혹에 넘어갔느냐? 영적으로 깨어있지 못했기 때문이다.

[4] 반응: 그러므로 신자는 깨어 있어 유혹을 이겨야 한다.

5.2. 결과, 이유, 이유

[1] 긍정 결과: 십자가의 예수는 자랑스럽다.

[2] 이유: 왜 십자가가 자랑스러운가? 우리 죄를 대속하기 때문이다.

[3] 또 이유: 예수는 왜 우리 죄를 대속하시는가? 우리를 사랑하기 때

문이다.

[4] 반응: 그러므로 예수의 사랑을 받고, 예수의 사랑을 받은 나를 사랑하자.

5.3. 긍정 결과, 이유, 방법

[1] 긍정 결과: 하나님은 인간을 창조하셨다.

[2] 이유: 왜 창조하셨는가? 영광을 돌리게 하기 위해서다.

[3] 방법: 어떻게 하나님께 영광을 돌릴 수 있을까? 하나님이 기뻐하시는 일을 해야 한다.

[4] 반응: 하나님이 기뻐하시는 일을 하자.

5.4. 문제 제기, 원인, 반대 개념 및 유익들, 해결책

[1] 문제 제기: 인간은 행복하지 못하다.

[2] 원인: 행복하지 못한 원인은 감사가 없기 때문이다.

[3] 반대 개념 및 유익: 감사의 마음을 가지면 세상이 달라 보인다. 우울증이 사라진다.
기적이 일어난다. 마음이 따뜻해진다. 그래서 감사하는 자는 행복하다.

[4] 해결책: 어떻게 해야 감사하는 마음을 가질까? 잃은 것보다 누리는 것을 기억하자. 남과 비교하지 않고 받은 축복을 인식하자. 은혜를 베푸신 하나님을 바라보자.

(6) 내러티브 스타일

6.1. 기승전결 - 발단, 갈등, 절정, 대단원

[1] 발단 (기, 갈등 구조)

[2] 갈등 (승, 갈등 심화)

[3] 절정 (전, 대반전)

[4] 대단원 (결, 대단원)

6.2.

이야기 설교(유진 라우리) - 문제 제기, 원인 분석, 해결책, 확신, 소망

[1] 문제 제기/ 평형을 깨뜨려라: 하나님의 형상이 깨지면 삶도 깨진다.

[2] 원인 분석/ 모순을 드러내라: 하나님의 형상이 깨지는 원인은 죄이다.

[3] 해결책/ 해결의 실마리를 제시하라: 하나님의 형상으로 오신 예수 그리스도는 죄 값을 지불하시고 우리에게 하나님의 형상을 회복하셨다.

[4] 확신/ 복음을 경험하게 하라: 신앙 경험을 통해 확신을 갖게 한다.

[5] 소망/ 결과를 기대하게 하라: 회복의 은혜를 덧입으면 새 삶이 주어진다.

(7) 4페이지 설교

세상의 문제, 하나님의 해결 (문제와 해결)

[1] 성경 속의 문제: 가나 혼인 잔치에 포도주가 떨어졌다.

[2] 세상 속의 문제: 우리 삶에서도 꼭 필요한 것이 떨어지는 일이 많다.

[3] 성경 속의 은혜: 예수 그리스도가 물로 포도주를 만들어 주셨다.

[4] 세상 속의 은혜: 우리 삶에도 주님이 채워주시는 은혜가 있다.

4장
원 포인트 복음 설교

이제 원 포인트 복음 설교에 대해 설명할 차례다. 나는 3년 동안 팀 켈러의 복음 설교와 박영재의 원 포인트 방식을 결합하여 원 포인트 복음 설교를 구성해 보았다. 3년이 지나면서 제법 완성도 높은 작품이 나왔다. 그동안 나는 어떤 일을 했으며, 어떻게 이 작업을 한 것일까? 나는 원 포인트 복음 설교를 구성하는 과정에서 나는 어떤 단계를 밟았을까? 대략 6개의 단계가 떠올랐다.

1단계는 본문을 정하고 묵상하는 단계다. 이 단계에서 핵심 주제를 찾고 질문을 만들며 주제문(목적문)을 구상한다. 본문에서 여러 소주제가 나타나는데, 그 중에서 핵심 주제를 찾는다. 질문은 제목을 고려하여 만든다. 성경의 주제들이 예수 그리스도 안에서 어떻게 성취되었는지 묵상하는 것이 가장 중요했다. 처음에는 이 1단계가 가장 어려웠다.

2단계는 설교의 목적문을 전개하기에 가장 적절한 원 포인트 설교 유형을 찾는 단계다. 미리 컴퓨터 바탕화면에 원 포인트 설교 7개 유형의 샘플을 '앱'처럼 띄워놓았다. "3장 3. 원 포인트 설교의 유형"의 내용을 한글 파일로 만들어 놓았다. '앱'을 클릭하면 7가지 유형 문서가 나타난다. 7가지 유형 중 하나의 샘플을 선택하고 복사하여, 설교 개요의 구조를 두 개 만든다. 앞의 샘플을 참고하여, 뒤의 구조 개요의 내용을 설교의 목적문에 맞게 수정하며 설교의 개요를 만든다. 이 과정에서 본문을 묵상한 내용이 자연스럽게 들어온다. 처음에 선택한 유형이 잘 맞지 않으면 다른 유형으로 바꾸어 다시 시도한다. 설교 개요 중 어디에 예수 그리스도의 복음의 성취를 넣을지 고민한다. 시간이 지날수록 2단계가 어려워졌다.

3단계는 2단계에서 선택한 원 포인트 유형 구조에 프롤로그와 에필로그를 추가하여 전체 구조를 확장하는 단계다. 향후 설교에 필요한 공간을 확보하는 기계적 작업이다.

4단계는 원 포인트 구조의 개요 안에 본문 말씀의 구절을 배치하는 단계다. 이 과정에서 하나님의 말씀의 탄탄함을 실감했다. 성경 전체가 내러티브일 뿐만 아니라, 성경의 작은 본문들 속에서도 내러티브가 얼마나 많은지 깨달을 수 있었다. 하나님이 역사 자체를 내러티브 형식으로 진행하신다는 느낌을 받았다.

5단계는 '스토리텔링' 형식으로 설교를 써 가는 단계다. 이 단계에서는 에너지가 가장 많이 들지만, 숙달될수록 설교문을 작성할 때 희열을 느끼게 된다.

6단계는 요약문을 만들어 전체 논리의 발전을 점검하는 단계다. 초기에는 6단계가 꼭 필요했다. 요약문을 통해 앞뒤 논리가 맞지 않는 부분을 발견하고 개요 내용을 수정하는 경우가 많았다. 3년 동안 150여 편의 원 포인트 설교를 작성하여 "카리스묵상센터" 유튜브 채널에 올렸다. 현재는 "카리스메타교육원"으로 이름이 바뀌었다. 초반의 설교는 어설펐지만, 시간이 지날수록 설교가 나아졌다.

사사기 16:15-31을 본문으로 원 포인트 설교를 구성하는 6단계 과정을 한 번 시연해 보고자 한다.

1단계: 본문 정하고 묵상하기

본문: 사사기 16장 15-31절

묵상 내용: 삼손은 하나님이 선택한 사사로, 블레셋 사람들에게서 이스라엘을 구원할 사명을 가지고 있었다. 그러나 삼손은 그의 힘과 능력을 남용하며 타락하게 된다. 본문은 삼손의 타락, 그의 최후, 그리고 하나님이 그의 죽음을 통해 계획을 이루어가는 모습을 담고 있다.

질문: 하나님은 왜 삼손의 머리털을 자라게 하셨을까?
목적문: 인간이 타락해도 하나님은 하나님의 계획을 이루어 가심을

알게 한다.

2단계: 적절한 원 포인트 설교 유형 선택하기

설교의 목적문을 전개하기에 가장 적절한 원 포인트 설교 유형을 찾는다. 7개 유형 중 하나를 선택한다. 설교의 개요 중 어디에 예수 그리스도의 복음 성취를 넣을까 생각한다.

처음에는 체인 스타일을 선택했지만 마음에 들지 않았다. Step by Step 유형으로 변경하기로 했다. 처음에 시도한 체인 스타일의 구조는 다음과 같았다.

체인 스타일: 긍정 결과, 이유, 방법 [샘플]
[1] 긍정 결과: 하나님은 인간을 창조하셨다.
[2] 이유: 왜 창조하셨는가? 영광을 돌리게 하기 위해서다.
[3] 방법: 어떻게 하나님께 영광을 돌릴 수 있을까? 하나님이 기뻐하시는 일을 해야 한다.
[4] 반응: 하나님이 기뻐하시는 일을 하자.

[1] 결과: 하나님은 삼손의 머리털을 다시 자라게 하셨습니다.
[2] 이유: 왜 다시 자라게 하셨을까요? 하나님의 목적을 이루시기 위

해서입니다.

[3] 방법: 어떻게 하나님의 목적을 이룰 수 있을까요? 회개하고 인내하며 자발적으로 순종해야 합니다. [복음 배치]

[4] 반응: 하나님의 길로 돌이키고 인내하며 순종을 결단합시다.

Step by Step 스타일: 주의, 문제, 만족, 확증, 예화, 행동 [샘플]

[1] 주의: 모든 인간은 죄인이다.

[2] 문제: 죄인은 죽는다.

[3] 만족: 그러나 믿는 자는 죽지 않는다.

[4] 확증: 예수와 함께 십자가에 달린 한 강도는 회개하고 구원받았다.

[5] 예화: 뒤늦게 예수 믿고 구원받은 확신 속에 사는 친구 아버님의 예

[6] 행동: 그러므로 예수를 영접하고 죄 용서 받아 영생을 누리는 자가 되라.

[1] 주의: 모든 인간은 타락합니다.

[2] 문제: 타락한 인간은 하나님의 목적을 망칩니다.

[3] 만족: 그러나 하나님은 스스로 목적을 이루어 가시는 분이십니다.

[4] 확증: 유대인이 타락하여 십자가에서 그리스도를 죽였으나 하나

님은 이를 이용해 인류 구속의 역사를 이루셨습니다. [복음 배치]

[5] 예화: 아우구스티누스의 『하나님의 도성』

[6] 행동: 인간이 타락하여 하나님의 뜻을 무너뜨리는 듯이 보일 때도 하나님이 친히 뜻을 이루어가신다는 것을 믿읍시다.

3단계: 원 포인트 구조의 개요에 프롤로그, 에필로그 추가하기

[프롤로그]

[1] 주의: 모든 인간은 타락합니다.

[2] 문제: 타락한 인간은 하나님의 목적을 망칩니다.

[3] 만족: 그러나 하나님은 스스로 목적을 이루어 가시는 분이십니다.

[4] 확증: 유대인이 타락하여 십자가에서 그리스도를 죽였으나 하나님은 이를 이용해 인류 구속의 역사를 이루셨습니다.

[5] 예화: 아우구스티누스의 『하나님의 도성』

[6] 행동: 인간이 타락하여 하나님의 뜻을 무너뜨리는 듯이 보일 때도 하나님이 친히 뜻을 이루어가신다는 것을 믿읍시다.

[에필로그]

4단계: 본문 구절 배치하기

본문 구절을 Step by Step 유형의 구조에 배치한다.

[프롤로그]

[1] 주의: 모든 인간은 타락합니다.

16:15 들릴라가 삼손에게 이르되 당신의 마음이 내게 있지 아니하면서 당신이 어찌 나를 사랑한다 하느냐 당신이 이로써 세 번이나 나를 희롱하고 당신의 큰 힘이 무엇으로 말미암아 생기는지를 내게 말하지 아니하였도다 하며
16 날마다 그 말로 그를 재촉하여 조르매 삼손의 마음이 번뇌하여 죽을 지경이라
17 삼손이 진심을 드러내어 그에게 이르되 내 머리 위에는 삭도를 대지 아니하였나니 이는 내가 모태에서부터 하나님의 나실인이 되었음이라 만일 내 머리가 밀리면 내 힘이 내게서 떠나고 나는 약해져서 다른 사람과 같으리라 하니라
18 들릴라가 삼손이 진심을 다 알려 주므로 사람을 보내어 블레셋 사람들의 방백들을 불러 이르되 삼손이 내게 진심을 알려 주었으니 이제 한 번만 올라오라 하니 블레셋 방백들이 손에 은을 가지고 그

여인에게로 올라오느니라

19 들릴라가 삼손에게 자기 무릎을 베고 자게 하고 사람을 불러 그의 머리털 일곱 가닥을 밀고 괴롭게 하여 본즉 그의 힘이 없어졌더라

[2] 문제: 타락한 인간은 하나님의 목적을 망칩니다.

20 들릴라가 이르되 삼손이여 블레셋 사람이 당신에게 들이닥쳤느니라 하니 삼손이 잠을 깨며 이르기를 내가 전과 같이 나가서 몸을 떨치리라 하였으나 여호와께서 이미 자기를 떠나신 줄을 깨닫지 못하였더라
21 블레셋 사람들이 그를 붙잡아 그의 눈을 빼고 끌고 가사에 내려가 놋 줄로 매고 그에게 옥에서 맷돌을 돌리게 하였더라

[3] 만족: 그러나 하나님은 스스로 목적을 이루어 가시는 분이십니다.

22 그의 머리털이 밀린 후에 다시 자라기 시작하니라
23 블레셋 사람의 방백들이 이르되 우리의 신이 우리 원수 삼손을 우리 손에 넘겨 주었다 하고 다 모여 그들의 신 다곤에게 큰 제사를 드리고 즐거워하고

24 백성들도 삼손을 보았으므로 이르되 우리의 땅을 망쳐 놓고 우리의 많은 사람을 죽인 원수를 우리의 신이 우리 손에 넘겨 주었다 하고 자기들의 신을 찬양하며

25 그들의 마음이 즐거울 때에 이르되 삼손을 불러다가 우리를 위하여 재주를 부리게 하자 하고 옥에서 삼손을 불러내매 삼손이 그들을 위하여 재주를 부리니라 그들이 삼손을 두 기둥 사이에 세웠더니

26 삼손이 자기 손을 붙든 소년에게 이르되 나에게 이 집을 버틴 기둥을 찾아 그것을 의지하게 하라 하니라

27 그 집에는 남녀가 가득하니 블레셋 모든 방백들도 거기에 있고 지붕에 있는 남녀도 삼천 명 가량이라 다 삼손이 재주 부리는 것을 보더라

28 삼손이 여호와께 부르짖어 이르되 주 여호와여 구하옵나니 나를 생각하옵소서 하나님이여 구하옵나니 이번만 나를 강하게 하사 나의 두 눈을 뺀 블레셋 사람에게 원수를 단번에 갚게 하옵소서 하고

29 삼손이 집을 버틴 두 기둥 가운데 하나는 왼손으로 하나는 오른손으로 껴 의지하고

30 삼손이 이르되 블레셋 사람과 함께 죽기를 원하노라 하고 힘을 다하여 몸을 굽히매 그 집이 곧 무너져 그 안에 있는 모든 방백들과 온 백성에게 덮이니 삼손이 죽을 때에 죽인 자가 살았을 때에 죽인

자보다 더욱 많았더라

31 그의 형제와 아버지의 온 집이 다 내려가서 그의 시체를 가지고 올라가서 소라와 에스다올 사이 그의 아버지 마노아의 장지에 장사하니라 삼손이 이스라엘의 사사로 이십 년 동안 지냈더라

[4] 확증: 유대인이 타락하여 십자가에서 그리스도를 죽였으나 하나님은 이를 이용해 인류 구속의 역사를 이루셨습니다.

[5] 예화: 아우구스티누스의 『하나님의 도성』

[6] 행동: 인간이 타락하여 하나님의 뜻을 무너뜨리는 듯이 보일 때도 하나님이 친히 뜻을 이루어가신다는 것을 믿읍시다.

[에필로그]

5단계: 스토리텔링 형식으로 설교 작성하기

설교를 스토리텔링 형식으로 구성하여, 이야기를 흥미롭게 전달하고 청중이 몰입할 수 있도록 한다. 각 단계별로 스토리를 전개하면서 메시지를 전달한다.

본문: 사사기 16:15-31

질문: 하나님은 왜 삼손의 머리털을 자라게 하셨을까?

목적: 인간이 실패해도 하나님은 하나님의 계획을 이루어가심을 알게 한다.

Step by Step 스타일/ (한 계단씩) 절정을 향하라/ 주의, 문제, 만족, 확증, 예화, 행동

[1] 주의: 모든 인간은 타락합니다.

[2] 문제: 타락한 인간은 하나님의 목적을 망칩니다.

[3] 만족: 그러나 하나님은 스스로 목적을 이루어 가시는 분이십니다.

[4] 확증: 유대인이 타락하여 십자가에서 그리스도를 죽였으나 하나님은 이를 이용해 인류 구속의 역사를 이루셨습니다.

[5] 예화: 아우구스티누스의 『하나님의 도성』

[6] 행동: 인간이 타락하여 하나님의 뜻을 무너뜨리는 듯이 보일 때도 하나님이 친히 뜻을 이루어가신다는 것을 믿읍시다.

[프롤로그]

조선 역사에 원균 장군이 나옵니다. 그는 임진왜란 때 승전을 거듭하다가 마지막 해전에서 패배하였습니다. 전쟁 초기에 그는 이순신 장군과 협력하여 해전에서 큰 승리를 거두었습니다. 1597년 명나라 일본

명일 회담이 결렬되고 정유재란이 일어났습니다. 원균은 이순신을 모함하는 실수를 하고, 칠천량 해전에서 패배하고 전사했습니다. 성경에도 성공 가도를 달리다가 갑작스레 실패한 인물이 나옵니다.

[1] 주의: 모든 인간은 타락합니다.

삼손은 하나님께 바쳐진 나실인으로 태어났습니다. 나실인은 자발적으로 서원한 사람을 가리키는 말입니다. 나실인은 포도주나 독주를 마시지 않고 머리카락을 자르지 않고 시체 무덤 등 부정한 것과 접촉하지 않았습니다. 삼손의 어머니는 여호와의 천사에게 이런 말을 들었습니다. "보라 네가 임신하여 아들을 낳으리니 그의 머리 위에 삭도를 대지 말라 이 아이는 태에서 나옴으로부터 하나님께 바쳐진 나실인이 됨이라 그가 블레셋 사람의 손에서 이스라엘을 구원하기 시작하리라 하시니"(삿 13:5). 하나님이 나실인으로 태어나게 하셨다는 뜻입니다. 인생의 목적을 하나님이 정해 주셨습니다. 당시 지중해의 강력한 해양 문명 국가, 블레셋으로부터 이스라엘을 구원하는 사명입니다. 당시 하나님은 이스라엘을 직접 통치하셨습니다. 다른 왕들이 쳐들어오면, 사사를 일으켜 그때그때 이스라엘을 구원하셨습니다.

삼손은 여호와의 영을 받았습니다. "그 여인이 아들을 낳으매 그의 이름을 삼손이라 하니라 그 아이가 자라매 여호와께서 그에게 복을 주시더니 소라와 에스다올 사이 마하네단에서 여호와의 영이 그를 움직이기 시작하셨더라"(삿 13:24-25). 여호와의 영이 직접 삼손을 움직이기 시작하여 사사의 일을 하게 했습니다. 삼손은 여호와의 영의 힘으로 원수 블레셋을 치기 시작했습니다.

성공 가도를 달리던 삼손은 서서히 타락해 갔습니다. 아버지가 원치 않는 이방 담나 여인과 결혼하고, 기생집 드나들고, 소렉 골짜기의 들릴라를 사랑하다가, 블레셋 방백들의 전략에 당해 멸망 길을 갔습니다. 들릴라는 삼손의 순진한 사랑을 이용하여 머리털의 비밀을 알아내고 블레셋의 방백들에게 삼손을 넘겼습니다. 삼손의 일곱 가닥 머리털이 밀리자 여호와의 영이 떠났습니다. 삼손의 모든 힘이 사라졌습니다.

[2] 문제: 타락한 인간은 하나님의 목적을 망칩니다.

삼손은 체포되어 눈이 뽑히고 블레셋의 중심 도시 '가사'로 끌려갔습니다. 놋 줄에 매이고 감옥에서 맷돌을 돌리는 신세가 되었습니다. "블레셋 사람들이 그를 붙잡아 그의 눈을 빼고 끌고 가사에 내려가 놋 줄로 매고 그에게 옥에서 맷돌을 돌리게 하였더라"(삿 16:21). 삼손은 더 이상 이스라엘을 블레셋의 침략으로부터 구원할 수 없게 되었습니다. 블레셋으로부터 이스라엘을 구원하려는 하나님의 목적을 망치고 말았습니다.

[3] 만족: 그러나 하나님은 스스로 목적을 이루시는 분이십니다.

하나님은 삼손의 타락과 실패에도 불구하고 하나님의 구원 목적을 포기하지 않으셨습니다. "그의 이름은 기묘자라, 모사라, 전능하신 하나님이라." 이사야 이사야 9장 6절 말씀이지요. 하나님은 기묘자, 놀라운 분이십니다. 하나님은 블레셋이 '다곤' 신전에서 온갖 망령된 짓을 해도 하나님의 구원 역사를 은밀하게 진행하셨습니다. "그의 머리털이 밀린 후에 다시 자라기 시작하니라"(삿 16:22). 삼손의 머리털이 서서히 자라기 시작했습니다. 삼손의 머리털이 자라는 데 얼마의 시간이 걸렸을까요? 몇 달은 지났겠지요.

어느 날 블레셋 사람들이 자기들의 신 '다곤' 신전에서 축하연을 열었습니다. 자기들에게 승리를 준 다곤 신에게 제사를 드리고 축제를 열었습니다. 점점 더 흥이 나고 분위기가 고조되었을 때, 감옥에서 삼손을 불러내어 재주를 부리게 했습니다. 삼손은 그들이 기뻐할 만한 재주를 부렸습니다.

삼손이 기회를 잡았습니다. 신전 두 기둥 사이에 서서, 양 손으로 두 기둥을 끼고 하나님께 기도했습니다. "주 여호와여, 구하옵나니 나를 생각하옵소서 하나님이여 구하옵나니 이번만 나를 강하게 하사 나의 두 눈을 뺀 블레셋 사람에게 원수를 단번에 갚게 하옵소서"(삿 16:28). 어마어마한 일이 벌어졌습니다. "삼손이 이르되 블레셋 사람과 함께 죽기를 원하노라 하고 힘을 다하여 몸을 굽히매 그 집이 곧 무너져 그 안에 있는 모든 방백들과 온 백성에게 덮이니 삼손이 죽을 때에 죽인 자가 살았을 때에 죽인 자보다 더욱 많았더라"(삿 16:30). 신전 내부의 방백들이 다 죽었습니다. 지붕에서 관람하던 3,000명도 죽었습니다. 하나님은 삼손을 무력하게 만들고, 회개하게 하고, 다시 사명을 깨닫게 하고,

믿음으로 기도하게 하고, 삼손의 기도에 응답하셨습니다. 친히 하나님의 목적을 이루셨습니다.

삼손은 죽은 후 다시 자기 집으로 돌아왔고, 이스라엘 역사가들은 그를 이스라엘의 사사로 기록했습니다. "그의 형제와 아버지의 온 집이 다 내려가서 그의 시체를 가지고 올라가서 소라와 에스다올 사이 그의 아버지 마노아의 장지에 장사하니라 삼손이 이스라엘의 사사로 이십 년 동안 지냈더라"(삿 16:31).

[4] 확증: 유대인이 타락하여 십자가에서 그리스도를 죽였으나 하나님은 이를 이용해 인류 구속의 역사를 이루셨습니다.

이스라엘은 보이지 않는 창조주 하나님을 세상에 보이게 하는 제사장 나라의 사명을 이루는 데 실패했습니다. 하나님과 바알을 함께 섬기다가 바벨론에 포로로 끌려갔습니다. 돌아온 후 우상 숭배는 극복했는데, 유대교 율법주의 신앙으로 또 타락하여, 선지자가 없는 시대를 살았습니다. 로마 제국 시대에 유대교 율법주의에 어긋난다고 메시아를 죽였습니다. 하나님은 유대인의 타락을 이용하여 인류 구원의 대업을 이루셨습니다. 하나님과 인류 사이를 막은 죄의 장막, 지성소의 휘장을 가르셨습니다. 사탄의 머리를 짓밟았습니다.

[5] 예화: 아우구스티누스의 『하나님의 도성』

게르만 민족이 로마 제국을 약탈하기 시작했습니다. 로마인들이 로마가 쇠락하는 것은 기독교 때문이라고 비난했습니다. 교회도 기독교를 받아들인 로마가 멸망하는 것을 보고 혼란스러워했습니다. 아우구스티누스는 『하나님의 도성』을 썼습니다. 기독교 로마 제국이 무너져도 하나님의 도성은 영원할 것이라고 썼습니다. 역사는 그의 예언대로 진행되었습니다. 약탈자 게르만족이 하나님을 받아들였습니다. 하나님은 그들을 통해 유럽 문명을 일으키셨습니다.

[6] 행동: 인간이 타락하여 하나님의 뜻을 무너뜨리는 듯이 보일 때도 하나님이 친히 뜻을 이루어가신다는 것을 믿읍시다.

1960년대 이후 서구 사회는 기독교를 떠나기 시작했습니다. 하나님은 다른 카드를 꺼내셨습니다. 비서구 교회를 일으키셨습니다. 남미, 사하라 이남 아프리카, 중국과 인도네시아 등 일부 아시아에서 계속 복음을 확장시키셨습니다. 한국 교회가 힘들 것을 대비하셨는지 엄청난 규모로 중국의 가정교회를 일으키셨습니다.

[에필로그]

포스트 코로나 시대, 출석하는 교인들이 줄고 있습니다. 미래 메타버스 문명이 인류를 교회에서 분리시킬 것 같습니다. 메타버스 세계를 놓고 하나님과 마귀가 충돌하게 생겼습니다. 마귀가 펴 놓은 메타버스의 세계에서 하나님이 또 어떻게 역사를 일으키실까요? 마귀가 이길 듯이 보이지만, 하나님이 어떻게 역전시키실지 주목해 보려고 합니다. 이 시대에 일어날 새로운 교회 형태를 상상합니다. 하나님이 어떤 개인을 부르시고, 어떤 공동체를 만드시고, 어떤 일을 시키실 것인지 바라보며 기도합니다.

6단계: 요약문 작성 및 논리 점검하기

요약문을 작성하여 설교의 논리적 흐름을 점검한다.

삿 16:15-31, 하나님은 왜 삼손의 머리를 자라게 하셨을까?

[1] 모든 인간은 타락합니다.
삼손은 하나님으로부터 큰 능력을 받았습니다. "그가 블레셋 사람의 손에서 이스라엘을 구원하기 시작하리라"(삿 13:5). 삼손은 장성하며 여호와의 영으로 블레셋을 이기고 20년 동안 사사로 성공적 삶을 살았습니다. 그러나 삼손은 블레셋은 이겨도 자기 욕망을 이기지 못했습니다.

[2] 타락한 인간은 하나님의 목적을 망칩니다.
삼손은 들릴라에 대한 잘못된 사랑으로 몰락의 길을 갔습니다. 삼손은 체포되어 눈이 뽑히고 블레셋의 중심 도시 '가사'로 끌려갔습니다. 놋 줄에 묶이고 감옥에 갇혀 맷돌을 돌리는 치욕을 당하게 되었습니

다. 타락한 삼손은 하나님의 목적을 망친 듯이 보였습니다.

[3] 그러나 하나님은 스스로 목적을 이루시는 분이십니다.

기묘자 여호와(13:18)는 우리가 다 이해할 수 없는 방법으로 놀라운 일을 행하셨습니다. 삼손이 실패하고 블레셋이 온갖 망령된 짓을 해도 하나님의 일을 은밀하게 진행하셨습니다. "그의 머리털이 밀린 후에 다시 자라기 시작하니라"(16:22). 삼손은 다곤 신전에서 신전 내 방백들, 지붕 위 3,000명을 포함하여 수많은 블레셋 사람을 죽이고, 사사로서 마지막 임무를 완수했습니다. 하나님은 삼손을 무력하게 만들고, 회개하게 하고, 마지막 사명을 깨닫게 하고, 기도하게 하고, 기도에 응답하심으로 친히 하나님의 목적을 이루어 가셨습니다.

[4] 이스라엘은 보이지 않는 창조주 하나님을 세상에 보이게 하는 제사장 나라의 사명을 이루는 데 실패했습니다. 하나님과 바알을 함께 섬기다가 바벨론에 포로로 끌려갔습니다. 돌아온 후 우상 숭배는 극복했는데, 유대교 율법주의로 또 타락하여 선지자가 없는 시대를 살았습니다. 로마 제국 시대에 유대교 율법주의에 어긋난다고 메시아를 죽였습니다. 그래도 하나님은 하나님의 일을 이루셨습니다. 십자가로 하나님과 인류 사이를 막은 죄의 장막을 찢으셨습니다. 지성소의 휘장을 가르셨습니다. 사탄의 머리를 짓밟았습니다.

[5] 5세기 고대 교회 때, 아우구스티누스는 게르만 민족이 로마 제국을 무너뜨렸을 때, 『하나님의 도성』을 써서 기독교 로마 제국이 무너져도 하나님의 도성은 영원할 것이라고 예언했습니다. 역사는 그의 예언대로 진행되었고, 유럽 문명이 탄생했습니다.

[6] 인간이 타락하여 하나님의 뜻이 무너지는 듯이 보일 때도 하나님은 스스로 뜻을 이루어가시는 것을 믿읍시다. 교회가 쇠락해 가는 듯이 보일 때에도 하나님의 은밀한 역사를 믿읍시다. 기독교가 서구 문명을 창출하고, 서구 사회는 기독교를 버렸습니다. 그러나 하나님은 서구 너머, 남미, 사하라 이남 아프리카, 중국과 인도네시아 등 일부 아시아에서 계속 복음의 역사를 일으키고 계십니다. 한국 교회가 힘이 빠질 때 하나님은 중국의 가정교회를 일으키셨습니다. 인공지능, 메타버스의 시대에도 하나님은 하나님의 목적을 이루실 것입니다.

5장
원 포인트 복음 설교의 유형

 3년 동안 설교한 원 포인트 복음 설교 중에서 유형별로 하나씩 골라 보았다. 비교적 완성도가 높은 후반부 설교를 선택했다. 지금 보면 웃음이 나는 부분이 많다. 그래도 그때는 정말 흥분된 마음으로 설교를 구성하고 유튜브에 올렸다. 복음과 전혀 상관없어 보이는 본문에서도 복음 설교가 가능하다는 사실에 감탄했다. 다시 보니 20% 정도는 예수 그리스도의 복음을 제대로 증거하지 못했다. 매 설교마다 복음을 선포하는 것은 정말 힘든 일이다. 복음을 선포해야겠다고 마음먹어도 하다 보면 빠진다. 참 기이한 일이다. 고칠 수 있는 만큼 고쳐서 복음 설교의 사례로 일단 제시해 본다.

 내용이 짧다. 12분에 맞춘 설교라서 그렇다. 설교의 6가지 기능을 사용하면 더 확장할 수 있을 것이다. 문제 제기(상황), 본문 설명, 다른 성경 본문 인용, 긍정 예화, 적용, 권면 적용 등 설교의 기능 요소를 사용하면 된다. "예수 그리스도가 이 주제를 성취하셨습니다." "예수 그리스도가 이 문제를 해결하셨습니다." 복음 선포만 제대로 하자. 예수 그리스도를 높이는 설교를 하자. 그러면 성령님은 자연스럽게 역사하신다. 그것이 본래 성령이 하시는 일이기 때문이다.

1. PRS 스타일

Proposition, Reversal, Solution(Reason for Reversal), Response
명제, 반전, 반전 이유(해결책), 반응

본문: 사무엘상 25:36-42
질문: 다윗은 왜 아비가일을 아내로 맞았을까?
목적: 진정한 아비가일인 보혜사 성령의 도움으로 보혜사와 더불어 사는 삶을 살게 한다.

[1] 명제: 인간은 모욕을 당하면 보복하려 합니다.
[2] 반전: 하나님은 보복하지 말고 더 잘해 주라는 법을 주셨습니다.
[3] 반전 이유: 하나님이 공정하게 심판하실 뿐만 아니라 관계 회복을 원하시기 때문입니다.
[4] 반응: 하나님께 받은 은혜를 기억하고 용서하여 마귀의 저주를 피하고 축복을 누리며 삽시다.

[프롤로그]

부당한 평가와 근거 없는 비난을 받을 때 화가 많이 납니다. 대한민국 건국은 기독교가 아니면 설명이 안 됩니다. 미군정이 여론 조사를 했습니다. 70%가 사회주의를 지지하고, 7%는 공산주의, 14%가 자본주의를 지지했습니다. 이런 상태에서 대한민국은 어떻게 자유민주주의, 자본주의 헌법 체제를 선택했을까요? 기독교가 아니면 불가능했습니다.

[1] 명제: 인간은 모욕당하면 보복하려 합니다.

인간은 불공정한 대접으로 모욕당하면 보복하려 합니다. 다윗도 그랬습니다. 바란 광야에서 지역의 질서를 유지하며 나름 지역민의 목축일을 도왔습니다. 그런데 부자 나발이 모욕을 주었습니다. 무례하고 어리석은 자입니다. 600명의 군사가 있는 지역 세력가에게 어찌 그럴 수 있을까요? 화가 난 다윗이 나발 집안의 남자들을 다 죽이겠다고 나섰습니다.

[2] 반전: 하나님은 보복하지 말고 더 잘해 주라는 법을 주셨습니다.

그러나 여호와 하나님은 보복하지 말고 더 잘해 주라는 법을 주셨습니다. "네 원수가 배고파하거든 음식을 먹이고 목말라하거든 물을 마시게 하라 그리 하는 것은 핀 숯을 그의 머리에 놓는 것과 일반이요 여호와께서 네게 갚아 주시리라"(잠 25:21-22). 인간이 생각해 낼 수 있는 지혜가 아닙니다. 창조주 하나님만이 주실 수 있는 말씀입니다.

[3] 반전 이유: 하나님이 공정하게 심판하실 뿐만 아니라 관계 회복을 원하시기 때문입니다.

왜 하나님은 보복하지 말고 더 잘해 주라 하셨을까요? 인간의 보복으로 정의를 세울 수 없기 때문입니다. 하나님은 모욕당한 백성들이 원수 갚는 것을 하나님께 맡기기를 원하십니다. 하나님은 공의로운 보응하실 수 있는 분입니다. 다윗에게 모욕을 주었던 나발은 한 열흘 정도 후 여호와의 심판을 받았습니다. "한 열흘 후에 여호와께서 나발을 치시매 그가 죽으니라"(삼상 25:38). 다윗이 하나님을 찬송했습니다. "나발에게 당한 나의 모욕을 갚아 주사 종으로 악한 일을 하지 않게 하신 여호와를 찬송할지로다"(삼상 25:39).

잘못에 대해 보응하는 것을 '사법적 정의'라고 합니다. 그런데 하나님은 '회복적 정의'도 세우십니다. 사법적 정의는 범죄자에게 정당한 보응을 가하는 것이고, 회복적 정의는 범죄자를 회복시키는 것입니다. '하나님의 의'는 회복적 정의를 요구합니다. 하나님이 원수에게 친절을 베풀라 하신 이유입니다.

예수 그리스도는 깨진 관계를 올바로 회복하는 회복적 정의를 가장 완벽하게 실현한 분이십니다. 사도 바울은 고린도 교인들에게 이런 편지를 보냈습니다. "하나님이 죄를 알지도 못하신 이를 우리를 대신하여 죄로 삼으신 것은 우리로 하여금 그[그리스도] 안에서 하나님의 의가 되게 하려 하심이라"(고후 5:21). 하나님이 인간의 죄에 대해 사법적 정의를 실행하면 다 죽습니다. 그래서 예수 그리스도가 우리를 위해 회복적 정의를 실행하셨습니다.

[4] 반응: 하나님께 받은 은혜를 기억하고 용서하여 마귀의 저주를 피하고 축복을 누리며 삽시다.

하나님은 나발의 모욕에 보복하지 않은 다윗과 그 일을 도운 아비가일을 축복하셨습니다. 다윗이 전령을 보내 아내가 되어 달라고 청혼했고(삼상 25:40), 아비가일은 청혼을 받아들였습니다. 아비가일은 신약의 보혜사 성령을 생각나게 합니다. "보혜사 곧 아버지께서 내 이름으로 보내실 성령 그가 너희에게 모든 것을 가르치고 내가 너희에게 말한 모든 것을 생각나게 하리라"(요 14:26). "내가 아버지께로부터 너희에게 보낼 보혜사 곧 아버지께로부터 나오시는 진리의 성령이 오실 때에 그가 나를 증언하실 것이요"(요 15:26). 다윗은 아비가일의 지혜로운 조언을 들었습니다. 우리는 보혜사 성령의 조언을 들을 수 있습니다.

사도 바울의 말씀입니다. "아무에게도 악을 악으로 갚지 말고 모든 사람 앞에서 선한 일을 도모하라 할 수 있거든 너희로서는 모든 사람과 더불어 화목하라 내 사랑하는 자들아 너희가 친히 원수를 갚지 말고 하나님의 진노하심에 맡기라 기록되었으되 원수 갚는 것이 내게 있으니 내가 갚으리라고 주께서 말씀하시니라 네 원수가 주리거든 먹이고 목마르거든 마시게 하라 그리함으로 네가 숯불을 그 머리에 쌓아

놓으리라 악에게 지지 말고 선으로 악을 이기라"(롬 12:17-21).

[에필로그]

조선 말 조선은 세계 정세를 몰랐습니다. 민족의 자존심이 바닥으로 떨어졌습니다. 그런 상황에서 민족의 자존감을 찾고 싶은 노력이 민족주의 사관을 낳은 것 같습니다. 그런 노력이 어느 정도 성공한 것도 사실입니다. 요즘은 상황이 많이 안 좋아졌습니다. 다원주의 세속 사회가 되며, 교회가 부당하게 조롱당하고 욕먹는 일이 많아지고 있습니다. 조롱당하면서도 잘해 주는 것이 무엇일까 더 묵상하게 됩니다.

2. NPS 스타일

Negative, Positive, Solution, Response

부정, 긍정, 해결책, 반응

본문: 전도서 7:1-14

질문: 어떻게 인내로 성공할 수 있을까?

목적: 하나님의 인내를 경험한 성도들은 하나님이 뜻을 이루실 것을 믿고 인내할 수 있다는 것을 알게 한다.

[1] 부정: 인내하지 못하는 사람은 인생에 실패합니다.

[2] 긍정: 인내하는 사람은 인생에 성공합니다.

[3] 해결책: 하나님은 인류의 반역을 인내하시며 하나님의 뜻을 이루어 가십니다.

[4] 반응: 하나님의 인내를 경험한 성도들은 하나님이 뜻을 이루실 것을 믿고 인내할 수 있습니다.

[프롤로그]

1993년에 안수받고 30여 년 영성 훈련을 했습니다. 예수 그리스도의 십자가와 부활을 믿어도 그렇게 행복하지 않아 영성의 문을 두드렸습니다. 온갖 시행착오를 겪었습니다. 성령의 열매를 맺고 성령의 은사를 받기 위해 노력했습니다. 30년 동안 훈련을 받았으나 아직도 만족스럽지 않습니다. 얼마나 더 인내해야 하나님과 친밀한 관계를 누릴 수 있을까요? 인내는 결코 힘든 일이 아닙니다.

두 가지 인내가 있습니다. 하나는 숭고한 목적을 이루기 위해 참으며 역경을 극복하는 인내입니다. 다른 하나는 싫어도 할 수밖에 없는 일을 참고 하는 고통스런 인내입니다. 고대 사회에서 귀족이나 철학자들은 전자의 인내를 추구했습니다. 하층민이나 노예들은 주로 후자의 인내를 감당해야 했습니다.

[1] 부정: 인내하지 못하는 사람은 인생에 실패합니다.

구약 성경의 전도자는 인내를 어떻게 보았을까요? "급한 마음으로 노를 발하지 말라 노는 우매한 자들의 품에 머무름이니라"(전 7:9). 급한 마음, 인내하지 못하는 마음은 분노를 일으키기 쉽고, 분노를 터뜨리면 어리석은 인생으로 전락합니다. 마음이 조급한 사람이 인생에서 성공하는 일은 없습니다.

[2] 긍정: 인내하는 사람은 인생에 성공합니다.

전도자는 인내를 이렇게 칭송합니다. "일의 끝이 시작보다 낫고 참는 마음이 교만한 마음보다 나으니"(전 7:8). 참는 사람은 인생의 끝이 좋습니다. 성공한 인생을 살 수 있습니다. 이랬다 저랬다 하는 사람이 성공하는 예는 없습니다. 목표를 정하고 쭉 가야 합니다. 중간에 흔들리면 되는 일이 없습니다.

[3] 해결책: 하나님은 인류의 반역을 인내하시며 하나님의 뜻을 이루어 가십니다.

사람만 인내하는 것이 아니라 하나님도 인내하십니다. 하나님은 한 가지 목표, 창조 목적의 성취, 인류 구원의 목표를 향해 끝까지 가십니다. 하나님은 천지를 창조하시고 인간을 창조하시고, 하나님의 성품이 드러나는 세상을 만들고 싶어 하셨습니다. 사탄의 타락, 인간의 반역으로 일이 복잡하게 꼬였으나 하나님은 인내하셨습니다. 사탄과 인간의 악을 견디시고 새로운 길을 찾으셨습니다. 한 백성부터 시작하셨습니다. 이스라엘과 길고 긴 '밀땅'을 하신 후, 안 되겠다 싶으셨는지, 아들을 보내셨습니다. 이스라엘 백성이 아들을 거부하자, 성령을 보내 에

클레시아 교회를 만드셨습니다. 교회를 천천히 양육하고 성장시키시어, 결국 지구 인구의 3분의 1의 동의를 얻으셨습니다.

하나님은 악한 자들을 인내하십니다. "하나님이 그 해를 악인과 선인에게 비추시며 비를 의로운 자와 불의한 자에게 내려주심이라"(마 5:45). 햇빛은 지구 생명의 에너지의 근원입니다. 하나님은 그 생명의 빛을 악인에게도 비추어 주십니다. 자신에게 거역하는 존재에게 선을 베푸시는 신이 또 있을까요? 없습니다. 인간끼리 서로 용납하자는 철학, 윤리의 가르침은 들어보았습니다. 그러나 신들이 반역하는 인간을 용납한다는 얘기는 들어보지 못했습니다. 하나님은 하나님을 싫어하는 자들도 지옥에 가기 전까지는 인내하시는 분이십니다. 예수 그리스도도 인간을 구원하기 위해 십자가에서 끝까지 내려오지 않으셨습니다. 구경꾼들의 조롱을 끝까지 견디셨습니다.

하나님은 교회 성도들의 부족함도 끝까지 인내해 주십니다. 하나님이 부르신 소명을 다 이루지 못하고 가는 성도들이 더 많겠지요. 그래도 하나님은 불성실한 성도들을 끝까지 참아 주십니다. 왜 그러실까요? 하나님이 분을 한 번 내시면 그게 세상 끝이라서 그런 것 같습니다. 왜 이 우주가 계속되고 있을까요? 하나님이 우주를 참아 주셔서 그런 것 같습니다. '무시무종'의 우주가 아닙니다. 하나님이 참아 주셔서 존재하고 있습니다.

[4] 반응: 하나님의 인내를 경험한 성도들은 하나님이 뜻을 이루

실 것을 믿고 인내할 수 있습니다.

교회 성도들은 하나님의 인내를 경험한 사람들입니다. 그들은 인내하시는 하나님이 결국 뜻을 이루실 것을 믿고 하나님과 함께 인내할 수 있습니다. 교인들은 세상에서 조롱당하기 십상입니다. 초대 교회 때부터 그랬습니다. 로마 황제, 원로원, 로마 군단이 보기에 기독교는 하찮은 미신에 불과했습니다. 유력자들이 보기에 기독교는 의미가 없었습니다. 하층민, 가난한 자들이 모여 무얼 한다는 것 자체가 우스운 일이었겠지요.

초대 교회 교인들은 세상에서 처음으로 가난한 자들이 지배 계급을 전복시키는 놀라운 일을 해냈습니다. 새 포도주가 끓어올랐습니다. 로마에서 약한 자들이 강한 자들을 이상한 방식으로 이겼습니다. 300년 만에 한 황제가 예수 그리스도 앞에 무릎을 꿇었습니다. 콘스탄티누스는 337년 죽기 직전에 황제의 옷을 벗고 물 속에 들어가 침례를 받고 죽었습니다. 350여 년 만에 로마 최고의 지성도 예수 그리스도 앞에 무릎을 꿇었습니다. 아우구스티누스는 387년 밀라노에서 세례를 받았습니다.

[에필로그]

코로나 이후 교회에 대한 전망이 어둡습니다. 조롱과 박해 속에서 예수 그리스도를 믿을 이유를 찾아야 하는 시대가 되었습니다. 초대 교회 상황과 비슷해져 갑니다. 하나님의 헤아릴 수 없는 역사 주권에 다시 한번 의지합니다. "하나님께서 행하시는 일을 보라 하나님께서 굽게 하신 것을 누가 능히 곧게 하겠느냐 형통한 날에는 기뻐하고 곤고한 날에는 되돌아 보아라 이 두 가지를 하나님이 병행하게 하사 사람이 그의 장래 일을 능히 헤아려 알지 못하게 하셨느니라"(전 7:13-14).

3. PNS 스타일

Positive, Negative, Solution

긍정, 부정, 해결책, 반응

본문: 전도서 10:1-11

질문: 어떻게 우매자들 속에서 지혜자로 살 수 있을까?

목적: 지혜자는 십자가의 지혜로 고난 중에도 형통한 삶을 살 수 있음을 알게 한다.

[1] 긍정: 지혜자는 인생에서 성공할 수 있습니다.

[2] 부정: 지혜자는 우매자들 때문에 시대의 고통을 당합니다.

[3] 해결책: 하나님이 우리에게 예수 그리스도 십자가의 지혜를 주셨습니다.

[4] 반응: 십자가의 지혜로 시대의 고통 가운데서도 형통한 삶을 삽시다.

[프롤로그]

코로나가 지나가고 있습니다. 코로나가 끝나면 불경기가 시작되고 4차 산업혁명이 닥쳐온다고 합니다. 4차 산업혁명 시대는 현실 세계와 가상 세계가 통합되는 시대라고 하지요. 가상 세계에서 성공하는 사업가도 나올 것이고, 가상 세계에 중독된 이들도 있을 것입니다. 지혜자와 우매자가 함께 나타날 것입니다. 어떻게 우매자들 속에서 지혜자로 살 수 있을까요?

[1] 긍정: 지혜자는 인생에서 성공할 수 있습니다.

전도자는 지혜 있는 자가 성공한다고 합니다. "철 연장이 무디어졌는데도 날을 갈지 아니하면 힘이 더 드느니라 오직 지혜는 성공하기에 유익하니라"(전 10:10). 무딘 도낏날로 나무를 아무리 열심히 찍어 보았자 되는 일은 없습니다. 예리한 도낏날을 갈아야 나무를 찍어낼 수 있습니다. 힘만 쓰는 게 아니라, 머리를 쓰는 지혜가 필요합니다. 일하기 전에 일머리부터 파악해야 문제를 해결합니다.

미국 회사 중에 어떤 회사는 아무 일도 하지 않고 생각만 하는 임원이 있다고 합니다. 그 한 사람의 생각 때문에 회사가 돌아간다고 합니다. 황농문 교수도 몰입 기법으로 재료공학계의 난제를 풀어냈다고 하지요. 그는 긴장을 풀고 천천히 그러나 1초도 쉬지 않고 생각하는 '슬로우 씽킹' 사고법을 소개합니다.

[2] 부정: 지혜자는 우매자들 때문에 고통을 당합니다.

지혜자는 인생에서 성공하지만 한 가지 문제가 있습니다. 주변에 우매자들이 너무 많다는 것입니다. 전도자는 우매자들 때문에 지혜자들이 고통을 당한다 합니다. "죽은 파리들이 향기름을 악취가 나게 만드는 것 같이 적은 우매가 지혜와 존귀를 난처하게 만드느니라"(전 10:1).

전도자는 특별히 높은 지위에 오른 우매자가 재앙을 일으킨다고 합니다. "내가 해 아래에서 한 가지 재난을 보았노니 곧 주권자에게서 나오는 허물이라 우매한 자가 크게 높은 지위들을 얻고 부자들이 낮은 지위에 앉는도다 또 내가 보았노니 종들은 말을 타고 고관들은 종들처럼 땅에 걸어 다니는도다"(전 10:5-7).

권력자가 우매하면 시대가 고통을 당합니다. 20세기에 파시스트, 공산주의자, 전체주의자들 때문에 많은 사람이 죽었습니다. 요즘도 국민을 무시하고 자기 이익을 추구하는 관료 집단이 있습니다. 보통 관피아, 모피아, 교피아 등으로 불립니다. 이런 우매자들 속에서 지혜자들은 어떻게 살아야 할까요?

[3] 해결책: 하나님이 우리에게 예수 그리스도의 십자가의 지혜를 주셨습니다.

바울은 세상 지혜는 하나님께 어리석은 것이라고 말합니다(고전 3:19-20). 세상 지혜는 인간이 자기 힘으로 인간과 자연과 세상의 이치를 깨달아 보려는 노력입니다. 어떻게 해야 더 잘살 수 있을까? 어떻게 해야 성공할 수 있을까? 어떻게 해야 행복하게 살까? 상대적으로 더 나은 지혜가 있기는 합니다. 그러나 인간 세계의 본질적 문제는 해결할 수 없습니다. 불안의 문제, 죽음의 문제를 해결할 수 없습니다. 이게 더 나은 설명인가, 저게 더 나은 해법인가 궁리하고 제안만 합니다.

바울은 세상 지혜 대신에 '십자가에 못 박힌 그리스도'를 하나님의 지혜로 제시합니다. 고린도전서 1:22-24입니다. "유대인은 표적을 구하고 헬라인은 지혜를 찾으나 우리는 십자가에 못 박힌 그리스도를 전하니 유대인에게는 거리끼는 것이요 이방인에게는 미련한 것이로되 오직 부르심을 받은 자들에게는 유대인이나 헬라인이나 그리스도는 하나님의 능력이요 하나님의 지혜니라"(고전 1:22-24).

왜 '십자가에 못 박힌 그리스도'가 하나님의 지혜일까요? 십자가에 못 박히신 그리스도가 우리에게 세상이 줄 수 없는 지혜를 주시기 때문입니다. 저분이 내 죄 값을 치르셨구나! 저분이 죽을 때 내 자아도 죽었구나! 사탄을 이기셨구나! 3, 4대 내려가는 가문의 저주를 끊으셨구나! 깨달음이 몰려옵니다. 그리스도의 피가 내 마음속 숨겨진 죄악을 드러내시고 내 안에서 악한 영들을 쫓아냅니다. 우리 영 안에 하늘의 지혜가 계시됩니다.

[4] 반응: 십자가의 지혜로 시대의 고통 가운데서도 형통한 삶을 삽시다.

하나님의 지혜, 십자가에 못 박히신 그리스도의 지혜 안에서 그리스도인은 우매자들이 일으키는 시대의 고통 가운데서도 형통한 삶을 살 수 있습니다. 초대 교회 교인들이 그랬습니다. 초대 교회 성도들은 박해 속에서도 십자가로 인내하는 가운데 복된 삶, 평강의 삶, 샬롬의 삶을 살았습니다. 고난 속에서 인내하며 평강을 누리는 그리스도인들의 삶은 이웃에게 충격을 주었습니다. 유대인과 이방인, 가난한 자와 부자, 주인과 노예, 학자와 무학자, 남자와 여자, 부부와 과부, 아이와 노인들이 함께 어울렸습니다. 가난한 자들을 돌보았습니다. 병든 자들을 버리지 않았습니다. 버린 아기들을 키웠습니다. 방치된 시체를 장사 지내 주었습니다.

[에필로그]

혼란의 시대입니다. 세상의 지혜를 알아차리면서도 하나님의 지혜에 집중해야 할 때입니다. 하나님의 지혜만이 궁극적 답입니다. 십자가에 못 박힌 그리스도가 길입니다. 하나님의 성경 드라마가 역사의 대본입니다. 하나님 나라의 선견자들, 하나님의 지혜자들을 찾아봅시다. 하나님이 열어 가시는 새로운 미래 문명을 상상해 봅시다.

4. Step by Step 스타일

(한 계단씩) 절정을 향하라

주의, 문제, 만족, 확증, 예화, 행동

본문: 마태복음 27:27-44

질문: 예수는 왜 십자가에서 내려오지 않으셨을까?

목적: 예수 그리스도는 십자가에서 온전한 인성으로 인류의 죄를 속죄하는 언약을 이루기 위해 십자가에서 내려오지 않으셨다는 것을 알게 한다.

[1] 주의: 사람은 세상에서 성과를 추구합니다.

[2] 문제: 성과를 추구하는 것은 인정을 받아 삶의 의미를 느끼기 위함입니다.

[3] 만족: 예수 그리스도는 십자가에서 아무런 성과를 내지 못한 듯이 보였으나 하나님의 언약을 이루셨습니다.

[4] 확증: 예수 그리스도의 성취를 믿는 제자들은 눈에 보이는 성과가 없어도 충만하게 살았습니다.

[5] 예화: 초대 교회 성도들은 성과가 아니라 인내를 추구했습니다.

[6] 행동: 사역의 성과가 아니라 언약의 열매, 신앙의 열매를 맺는 하나님 나라의 삶을 삽시다.

[프롤로그]

십자가 형장에서 사람들이 조롱했습니다. "네가 만일 하나님의 아들이어든 자기를 구원하고 십자가에서 내려오라"(마 27:40). 예수님은 왜 십자가에서 내려오지 않았을까요? "열두 군단 더 되는 천사"(마 26:53)를 동원하실 수 있는 분이 왜 천사들을 동원하지 않으셨을까요? 만약 예수님이 십자가에서 내려오셨다면 무슨 일이 벌어졌을까요?

[1] 주의: 사람은 세상에서 성과를 추구합니다.

모든 인간은 성공을 추구하며, 성과를 내기를 원합니다. 직장에서 성과를 내야 보너스를 받습기 때문입니다. 연봉과 성과급을 합쳐 얼마를 받았다고 이야기합니다. 성과가 없으면 직장에서 어려운 처지에 빠집니다. 연봉 협상에서 불리해지고, 계속 다닐 수 있을지 불확실해집니다.

[2] 문제: 성과를 추구하는 것은 인정받아 삶의 의미를 느끼기 위함입니다.

우리는 왜 성과를 추구할까요? 성과를 내면 경제적 유익을 얻지만, 인정을 받기 위한 목적도 있는 것 같습니다. 사회에서 인정받아야 괜찮은 지위를 유지하고 여유 있는 삶을 살 수 있습니다. 그래야 삶의 의미도 느낄 수 있습니다. 내가 이룬 성취를 보며 내가 헛되이 살지는 않았구나 생각합니다.

[3] 만족: 예수 그리스도는 십자가에서 아무런 성과를 내지 못한 듯이 보였으나 하나님의 언약을 이루셨습니다.

마태복음 27:35은 십자가를 무심하게 기록합니다. "그들이 예수를 십자가에 못 박은 후에." 십자가에서 인류 역사에서 가장 거대한 일이 이렇게 간단하게 기록되었습니다. 무심한 기록이었으나 어마어마한 일이 벌어졌습니다. 예수님은 십자가에서 죄 용서를 구하셨습니다. "아버지 저들을 사하여 주옵소서 자기들이 하는 것을 알지 못함이니이다"(눅 23:34). 십자가 아래 인간들은 딴 세상에 있습니다. 예수의 옷을 제비 뽑아 나누었으며, 모욕하고 희롱하고 저주했습니다. 예수님은 어떻게 십자가의 조롱을 견디셨을까요?

예수님은 십자가에서 아무런 성과도 이루지 못한 것 같았지만, 예수님은 하나님의 언약을 이루셨습니다. 십자가에서 하나님의 언약을 "다 이루었다!"(요 19:30)고 선포하셨습니다. "이것은 죄 사함을 얻게 하려고 많은 사람을 위하여 흘리는 바 나의 피 곧 언약의 피니라"(마 26:28). 예수 그리스도는 십자가에서 하나님의 언약을 친히 언약을 이루셨습니다. 십자가에서 하나님의 약속을 이루기 위해 피를 흘리셨습니다. 이스라엘이 지키지 못한 언약을 이루셨습니다.

바울은 십자가 사건을 이렇게 해석했습니다. "하나님이 죄를 알지도 못하신 이를 우리를 대신하여 죄로 삼으신 것은 우리로 하여금 그 안에서 하나님의 의가 되게 하려 하심이라"(고후 5:21). "이 예수를 하나님이 그의 피로써 믿음으로 말미암는 화목제물(속죄 제물)로 세우셨으니 이는 하나님께서 길이 참으시는 중에 전에 지은 죄를 간과하심으로 자기의 의로우심을 나타내려 하심이니라"(롬 3:25).

[4] 확증: 예수 그리스도의 성취를 믿는 제자들은 눈에 보이는 성과가 없어도 충만하게 살았습니다.

예수 그리스도가 십자가에서 언약을 성취하시자, 제자들에게 기이한 일이 벌어졌습니다. 예수의 언약 성취를 믿은 제자들은 세상의 성과가 없이도 충만한 삶을 살게 되었습니다. 세상이 보기에 가장 성과 없는 삶을 사는 것 같아도 그들은 충만하게 살게 되었습니다. 사도 바울은 자신의 삶을 이렇게 묘사했습니다. "우리는 속이는 자 같으나 참되고 무명한 자 같으나 유명한 자요 죽은 자 같으나 보라 우리가 살아 있고 징계를 받는 자 같으나 죽임을 당하지 아니하고 근심하는 자 같으나 항상 기뻐하고 가난한 자 같으나 많은 사람을 부요하게 하고 아무 것도 없는 자 같으나 모든 것을 가진 자로다"(고후 6:8-10).

〈충만〉이라는 찬송이 자주 들립니다.

"무명이어도 공허하지 않은 것은 예수 안에 날 만족함이라/ 가난하여도 부족하지 않은 것은 예수 안에 오직 나는 부요함이라/ 고난 중에도 견뎌 낼 수 있는 것은 주의 계획 믿기 때문이라/ 실패하여도 일어설 수 있는 것은 예수 안에 오직 나는 승리함이라/ 난 예수로 예수로 예수로 충만하네/ 난 예수로 예수로 예수로 충만하네/ 난 예수로 예수로 예수로 충만하네/ 영원한 왕 내 안에 살아 계시네"

"몸이 약해도 낙심하지 않는 것은 예수 안에 난 완전함이라/ 화려한 세상 부럽지 않은 것은 난 예수로 예수로 충만함이라/ 난 예수로 예수로 예수로 충만하네/ 세상 모든 것들도 부럽지 않네/ 난 예수로 예수로 예수로 충만하네/ 영원한 왕 내 안에 살아 계시네/ 난 예수로 예수로 예수로 충만하네/ 세상 모든 풍파도 두렵지 않네/ 난 예수로 예수로 예수로 충만하네/ 영원한 왕 내 안에 살아 계시네/ 영원한 왕 내 안에 살아 계시네"

[5] 예화: 초대 교회 성도들은 성과가 아니라 인내를 추구했습니다.

앨런 크라이더는 『초기 교회와 인내의 발효』에서 초대 교회 성도들의 기인한 삶을 소개합니다. 초기 성도들은 박해 상황에서 복음 전도를 할 수 없었습니다. 행위와 행실로만 복음이 전해졌습니다. 한 사람이 예수를 믿고 교회에 다니기 시작합니다. 그는 아무 말도 하지 않습니다. 다른 친구가 친구가 예수를 믿는 것을 보고 마음이 끌려 모임에 참여할 수 있는지 물어 옵니다. 교회는 그가 성경에 어긋나는 직업을 청산할 수 있는지, 교회의 '학습 과정'을 따라올 수 있는 사람인지 심사합니다. 1차 심사를 통과하면 세례 지원자가 됩니다. 교리문답 교사와 축사자가 붙습니다. 매일 교리를 가르치고 귀신을 쫓습니다. 3년을 이렇게 합니다. 2차 심사를 통과하면 말씀 예배에 참여할 수 있습니다. 부활절 전에 3차 심사를 받으면 세례를 준비합니다. 부활절 전날 철야기도하고 새벽에 침례를 받고 공동체의 정식 멤버로 환영받고 첫 성만찬 예전에 참여합니다. 초기 교회는 300년 동안 이렇게 성장해 왔습니다.

[6] 행동: 사역의 성과가 아니라 언약의 열매, 신앙의 열매를 맺는 하나님 나라의 삶을 삽시다.

잇사갈이라는 이름을 쓰시는 순회 선교사 한 분을 알게 되었습니다. 월세 보증금까지 털어 선교비를 쓰며 아프리카 선교 사역을 하고 계신다는 말에 놀랐습니다. 월세 30만 원짜리 원룸을 하나 얻어 살며 아프리카 선교에 주력한다고 합니다. 사역의 열매를 추구하지 않고, 신앙의 열매를 추구한다는 말에 무척 놀랐습니다.

[에필로그]

환갑이 되었습니다. 은퇴한 선배들의 삶이 자주 눈에 띕니다. 나는 어떻게 살아야 할까 고민이 됩니다. 삶이 공허하게 느껴집니다. 열심히 산 것 같은데 사역의 열매가 보이지 않습니다. 섬기던 교회와 신학교가 예전 같지 않습니다. 왜 이런 일이 벌어졌을까? 공허감이 몰려옵니다. 다시 기도합니다. "예수 그리스도의 주춧돌 위에 세우지 않은 모든 것은 다 무너뜨려 주시옵소서!"

5. 체인 스타일
5.1. 결과, 이유, 이유

본문: 민수기 31:1-18

질문: 왜 미디안을 진멸하라 하셨을까?

목적: 사탄이 우리의 욕구를 통해 우상숭배로 이끄는 과정을 파악하고 하나님 안에서 욕구를 충족하는 삶을 살게 한다.

[1] 부정 결과: 하나님은 이스라엘에게 미디안 남자와 여자를 다 진멸하게 하셨습니다.

[2] 이유: 왜 미디안을 멸하게 하셨습니까? 미디안이 여호와의 계획을 방해하는 원수가 되었기 때문입니다.

[3] 또 이유: 왜 미디안이 여호와의 원수가 되었을까요? 음란과 우상숭배를 통해 이스라엘의 마음을 여호와로부터 빼앗았기 때문입니다.

[4] 반응: 사탄이 우리의 욕구를 통해 우상숭배로 이끄는 과정을 경계하고 하나님 나라의 질서 안에서 욕구를 충족하는 삶을 삽시다.

[프롤로그]

구약 성경을 읽다 보면, 한 민족을 모두 멸하라는 명령이 나옵니다. '헤렘'이라고 합니다. 하나님이 왜 한 민족을 모두 죽이도록 명령하셨을까요? 하나님은 결코 잔인한 분이 아니신데, 왜 이런 명령을 내리셨을까요? 구약의 하나님이 어떻게 이런 잔인한 '인종 청소' 명령을 내리셨을까요?

[1] 부정 결과: 하나님은 이스라엘에게 미디안의 남자와 여자를 모두 멸하라고 명령하셨습니다.

하나님은 모세에게 마지막 전쟁 임무를 주셨습니다. 이스라엘 자손의 원수인 미디안에게 원수를 갚으라 하셨습니다. "이스라엘 자손의 원수를 미디안에게 갚으라"(민 31:2). 미디안이 이스라엘에게 어떤 일을 저질렀기에 이스라엘 자손의 원수가 되었을까요? 이스라엘 백성이 가나안에 입성하기 직전, 여리고 맞은편 요단 강 동편에 진을 쳤습니다. 모압 왕 발락이 술사 발람을 동원하여 이스라엘을 저주하려 했고, 하나님은 발람을 이용하여 이스라엘을 축복하게 하셨습니다. 발람은 이스라엘을 성적으로 유혹할 계략을 주었습니다. 싯딤에서 모압 여자들이 바알 신전에서 이스라엘 남자들을 유혹했습니다. 성적으로 유혹하고 바알을 숭배하게 했습니다. '바알브올' 사건입니다(민 25:1-2). 미디안 여인들도 음행 축제에 참여했습니다(민 25:6). 하나님은 이스라엘 24,000명을 전염병으로 죽이셨습니다(25:9). 하나님은 결국 모세에게 미디안을 치라고 명령하셨습니다. "미디안인들을 대적하여 그들을 치라. 그들이 속임수로 너희를 대적하고 너희를 유혹했다. 미디안의 딸 고스비의 사건으로 너희를 유혹했다."(25:17-18).

모세는 각 지파에서 1,000명씩 모집하여 12,000명의 군대를 조직해 미디안을 정복했습니다. 미디안 남자들은 모두 죽였고, 미디안 다섯 왕과 발람도 죽였습니다(31:8). 이스라엘 군대가 미디안 여자들을 데리고 왔습니다. 모세는 분노하여 미디안 여자들을 모두 죽이게 했습니다. 모세는 "너희가 여자들을 다 살려두었느냐? 보라, 이들이 발람의 꾀를 따라 이스라엘 자손을 브올의 사건에서 여호와 앞에 범죄하게 하여 여호와의 회중 가운데에 염병이 일어나게 하였느니라"(민 31:15-16).

[2] 이유: 하나님이 미디안을 멸하신 이유는 미디안이 여호와의 계획을 방해하는 원수가 되었기 때문입니다.

하나님이 왜 미디안을 멸하셨을까요? 미디안이 여호와의 원수가 되었기 때문입니다. 모세는 이렇게 말합니다. "전쟁에 나갈 사람들을 무장시키고 미디안을 치러 보내어 여호와의 원수를 갚으라"(민 31:3).

미디안이 어떻게 여호와의 원수가 되었을까요? 그들은 부지간에 여호와의 계획을 방해하는 세력이 되었습니다. 창세기 3장 이후, 세상은 계속 타락했습니다. 하나님은 세상이 너무 타락하자, 한 백성부터 구원하기로 작정하셨습니다. 아브라함을 선택하여 그 자손으로 거룩한 한 나라를 세우는 프로젝트를 시작했습니다. 그 계획에 따라 이스라엘 자손을 애굽에서 구출하고 광야를 거쳐 가나안 땅에 입성하기 직전입니다. 그런데 미디안이 모압과 함께 그 길을 막았습니다. 군사적 힘으로 안 되니, 성적으로 유혹하여 바알을 숭배하게 했습니다.

[3] 또 다른 이유: 미디안은 왜 여호와의 계획을 방해하는 원수가 되었을까요? 미디안이 음란과 우상숭배를 통해 이스라엘의 마음을 여호와로부터 빼앗았기 때문입니다.

미디안이 왜 여호와의 원수가 되었을까요? 그들은 이스라엘의 마음을 여호와로부터 빼앗아 바알에게 돌렸기 때문입니다. 이스라엘은 이제 겨우 하나님의 은혜와 능력을 경험하고 있습니다. 시내산에서 계명을 받고 하나님과 언약을 맺고, 언약의 삶을 시작하고 있습니다. 하나님이 능력만 큰 분이 아니라는 것을 깨달아가고 있습니다. 서로 배려하고 아끼는 관계를 원하시는 분이라는 것을 배우고 있습니다.

미디안은 성적 쾌락의 욕구를 이용해 이스라엘 남자들의 마음을 빼앗아 바알 신에게 돌렸습니다. 하나님이 얼마나 화가 났을까요! "이것들이 너무 하네. 내가 가만두지 않겠다." 대노하셨습니다. 미디안을 멸해야 이스라엘을 지킬 수 있다고 판단하신 것 같습니다. 미디안 사람들의 배후에는 민족 신들을 포함한 마귀 세력이 있습니다. 사탄은 미디안 사람을 동원해 하나님 여호와의 의도에 대항했습니다.

사탄은 창조 직후부터 그러했습니다. 에덴 동산에서 최초의 부부 아담과 하와를 유혹하여, 신이 될 수 있다는 말로 하나님을 향한 마음을 빼앗았습니다. 아담과 하와는 먹고 싶은 욕구, 미학적 욕구, 인지적 욕구를 이길 수 없었습니다. 하나님 안에서 채울 수 있는 욕구인데 하나님 없이 채우려 했습니다.

하나님이 얼마나 화가 나셨을까요! 그때부터 뱀은 하나님의 원수가 되었습니다. 여호와 하나님이 뱀을 저주하셨습니다. "너는 모든 가축과 들의 모든 짐승보다 더욱 저주를 받을 것이다. 배로 다녀라. 살아 있는 동안 흙을 먹어라."(창 3:14). 하나님은 사탄의 멸망을 미리 예고하셨습니다. "내가 너로 여자와 원수가 되게 할 것이다. 네 후손도 여자의 후손과 원수가 되게 할 것이다. 여자의 후손은 네 머리를 상하게 할 것이다. 너는 그의 발꿈치를 상하게 하는 일밖에 못할 것이다."(창 3:15).

최초의 부부는 실패했으나, 예수 그리스도는 사탄의 유혹을 이기셨습니다. 예수 그리스도는 이스라엘과 달리 하나님을 향한 마음을 잘 지키셨습니다. 예수 그리스도는 식욕의 욕구, 대중적 유명세와 인정의 욕구, 세상의 부귀영화의 욕구를 이기셨습니다. 하나님 바깥에서 그 욕구들을 채울 필요가 없다는 것을 아셨습니다. 단순히 하나님만을 경배하고 섬기는 삶을 선택하셨습니다. "사탄아, 썩 물러가거라. 성경에는 주 너의 하나님을 경배하고 그분만을 섬기라고 쓰여 있다."(마 4:10) 이렇게 선포하셨습니다.

[4] 반응: 사탄이 우리의 욕구를 통해 우상숭배로 이끄는 과정을 경계하고 하나님 나라의 질서 안에서 욕구를 충족하는 삶을 삽시다.

하나님은 우리에게 기초적인 욕구를 주셨습니다. 좋은 것이기 때문에 주신 것입니다. 식욕의 욕구가 있어야 맛있게 먹고 건강을 유지할 수 있고, 수면 욕구가 있어야 잠을 자고 피로를 풀 수 있습니다. 성적 욕구가 있어야 친밀한 관계를 유지하고 생육할 수 있고, 인정을 받고 싶은 욕구가 있어야 사회 생활에서 열심을 낼 수 있습니다. 부귀영화를 추구하는 욕구가 있어야 세상에 나가 열심히 일할 수 있습니다. 필요해서 주신 것입니다.

사탄은 우리의 기본적인 욕구를 하나님의 질서 밖에서 채우게 하여 결국 우상 숭배로 이끕니다. 귀신, 마귀만 섬기게 하는 것이 아니라 하나님이 주신 복까지 우상으로 섬기게 합니다. 돈, 섹스, 권력은 모두 하나님의 창조 질서 안에서 선한 것입니다. 그러나 사탄은 이를 우상으로 만들고, 사람들이 돈을 벌다가 죽고, 쾌락을 추구하다 죽고, 권력을 향해 가다가 죽도록 만듭니다.

하나님의 나라 백성들은 다릅니다. 우리는 하나님의 창조 질서 안에서만 욕구를 충족합니다. 하나님 나라의 원리로만 욕구를 충족하며, 그것으로 충분하고 최상의 욕구를 채울 수 있습니다. 우리가 필요로 하는 것을 채워 주시고 좋아하시는 하나님을 사랑하고 존중하며 더 따릅니다.

[에필로그]

리처드 포스터는 『돈, 섹스, 권력』에서 사탄이 세상 나라에서 인간을 조종하기 위해 돈, 섹스, 권력을 이용한다고 했습니다. 하나님이 인간을 축복하기 위해 주신 질서가 사탄의 도구가 되었다고 합니다. 음란 문화가 세상을 휩쓸고, 동성애를 문화적으로 수용하려 합니다. 창조 질서에서 벗어난 성욕은 음란으로, 우상 숭배로, 사탄 숭배로 이어지며, 필경은 죽음으로 이끌고 갈 것입니다.

5. 체인 스타일
5.2. 결과, 이유, 방법

본문: 로마서 11:25-36

질문: 하나님은 어떻게 이스라엘을 구원하실까?

목적: 하나님은 이스라엘의 불순종을 이방인의 구원을 위한 기회로 삼으시고 결국 이스라엘까지 구원하는 길을 여신다는 것을 알게 한다.

[1] 긍정 결과: 하나님은 불순종한 이스라엘을 구원하실 것입니다.

[2] 이유: 왜 불순종하는 이스라엘을 구원하실까요? 하나님은 은사와 부르심에 후회함이 없을 뿐만 아니라 긍휼이 풍성하신 분이기 때문입니다.

[3] 방법: 하나님은 어떻게 이스라엘에게 긍휼을 베푸실까요? 이방인이 구원의 복을 누리는 것을 보고 시기나게 하십니다.

[4] 반응: 하나님께 복을 많이 받고 현대인들에게 시기나게 하는 인생을 삽시다.

[프롤로그]

이스라엘에서 교회를 개척하고 있는 한국 선교사들의 이야기를 종종 듣습니다. 1년에 50여 명에게 세례를 주었다는 이야기도 들립니다. 예수를 메시아로 믿는 '메시아닉 쥬'가 늘고 있습니다. 유대인들이 이스라엘로 돌아가도록 돕는 '알리야' 운동이 벌어지고 있습니다. 사도 바울이 하늘에서 한국 교회가 이스라엘을 섬기는 모습을 보고 기뻐할 것 같습니다. '나는 이방인을 위해 복음을 전했는데, 이제 이방인이 내 동족을 위해 일하는구나!' 하실 것 같습니다.

[1] 긍정 결과: 하나님은 불순종한 이스라엘을 구원하실 것입니다.

하나님은 우리의 이해를 초월하십니다. 모세가 하나님의 이름을 묻자 하나님은 "나는 스스로 있는 자이니라"(출 3:14) 하셨습니다. 사도 바울도 하나님은 알기 어렵다고 합니다. "깊도다 하나님의 지혜와 지식의 풍성함이여, 그의 판단은 헤아리지 못할 것이며 그의 길은 찾지 못할 것이로다"(롬 11:33).

로마서 9장부터 11장까지 바울은 하나님의 구원의 섭리에 대해 찬양하고 있습니다. 첫째, 하나님이 출애굽 때 애굽을 '진노의 그릇'으로 사용하시고, 이스라엘을 '긍휼의 그릇'으로 사용하신 신비를 설명합니다. "만일 하나님이 그의 진노를 보이시고 그의 능력을 알게 하고자 하사 멸하기로 준비된 진노의 그릇을 오래 참으심으로 관용하시고 또한 영광 받기로 예비하신 바 긍휼의 그릇에 대하여 그 영광의 풍성함을 알게 하고자 하셨을지라도 무슨 말을 하리요"(롬 9:22-23).

둘째, 예수 그리스도가 이 땅에 오셨을 때 이스라엘을 '진노의 그릇'으로 사용하시고 이방인을 '긍휼의 그릇'으로 사용하신 섭리를 찬양합니다. 이스라엘이 예수를 메시아로 인정하지 않자, 이방인에게 예수가 메시아임을 계시하셨습니다. 로마서 11장에서는 참감람나무인 이스라엘이 꺾인 자리에 돌감람나무인 이방인이 접붙임이 되어 참감람나무 뿌리로부터 생명의 진액을 공급받았다고 설명합니다. "가지 얼마가 꺾이었는데 돌감람나무인 네가 그들 중에 접붙임이 되어 참감람나무 뿌리의 진액을 함께 받는 자가 되었은즉"(롬 11:17).

셋째, 이방인의 충만한 수가 구원받고 난 후, 온 이스라엘이 구원받을 날이 올 것이라고 예언합니다. "형제들아 너희가 스스로 지혜 있다 하면서 이 신비를 너희가 모르기를 내가 원하지 아니하노니 이 신비는 이방인의 충만한 수가 들어오기까지 이스라엘의 더러는 우둔하게 된 것이라 그리하여 온 이스라엘이 구원을 받으리라"(롬 11:25-26). 원 참감람나무 가지인 이스라엘이 참감람나무 뿌리에 다시 접붙임을 받는다는 것입니다. "네가 원 돌감람나무에서 찍힘을 받고 본성을 거슬러 좋은 감람나무에 접붙임을 받았으니 원 가지인 이 사람들이야 얼마나 더 자기 감람나무에 접붙이심을 받으랴"(롬 11:24).

[2] 이유: 왜 불순종하는 이스라엘을 구원하실까요? 하나님은 은사와 부르심에 후회함이 없을 뿐만 아니라 긍휼이 풍성하신 분이

기 때문입니다.

하나님은 왜 불순종하는 이스라엘을 결국 구원하시는 은혜를 베푸실까요? 하나님은 이스라엘을 언약 백성으로 부르신 것에 대해 후회하지 않으시기 때문입니다(롬 11:29). "하나님의 은사와 부르심에는 후회하심이 없느니라"(롬 11:29). 하나님은 언약을 맺은 백성을 쉽게 포기하지 않으십니다. "하나님의 말씀이 폐하여진 것 같지 않도다"(롬 9:6).

하나님이 한 번 언약을 맺으시면 계속 구원하시려는 이유는 하나님이 본래 긍휼이 풍성하신 분이시기 때문입니다. 모세에게 이런 말씀을 하셨습니다. "내가 긍휼히 여길 자를 긍휼히 여기고 불쌍히 여길 자를 불쌍히 여기리라 하셨으니"(롬 9:15). "나는 여호와의 이름을 네 앞에 선포하리라 나는 은혜 베풀 자에게 은혜를 베풀고 긍휼히 여길 자에게 긍휼을 베푸느니라"(출 33:19).

[3] 방법: 하나님은 어떻게 이스라엘에게 긍휼을 베푸실까요? 이방인이 구원의 복을 누리는 것을 보고 시기나게 하십니다.

하나님은 어떻게 이스라엘에게 긍휼을 베푸실까요? 바울은 이방인이 긍휼을 받고 복을 누리는 것을 보고 이스라엘이 시기하여 돌아오게 하실 것이라고 예언합니다. "그러므로 내가 말하노니 그들이 넘어지기까지 실족하였느냐 그럴 수 없느니라 그들이 넘어짐으로 구원이 이방인에게 이르러 이스라엘로 시기나게 함이니라 그들의 넘어짐이 세상의 풍성함이 되며 그들의 실패가 이방인의 풍성함이 되거든 하물며 그들의 충만함이리요"(롬 11:11-12).

바울 시대에 유대인과 이방인이 함께 예수 그리스도를 믿는 기적이 일어났습니다. 예수 안에서 유대인과 이방인이 '한 새사람'(엡 2:15)이 되어 샬롬을 누렸습니다. 중세 교회 이후 기독교가 유대교를 박해하면서 유대인들은 예수를 메시아로 믿는 것을 중지했습니다. 그러다가 1948년 이스라엘이 건국된 후, 예수를 메시아로 믿는 '메시아닉 쥬'들이 생기기 시작했습니다.

[4] 반응: 현대인들 앞에서 시기나게 하는 인생을 삽시다.

이어령 선생은 2007년 74세 때 『지성에서 영성으로』라는 책을 썼습니다. 세례를 받은 해에 쓴 책입니다. 당시 사람들이 만나기만 하면 '어쩌다가 예수를 믿게 되었느냐?' 하며 조롱했다 합니다. 그러나 이어령 선생은 조롱을 받으면서도 남들에게 시기나게 하는 삶을 사셨습니다. 기독교가 조롱받는 시기에 예수를 믿고 죽음을 넘어가는 놀라운 삶을 보여주었습니다. 그의 『마지막 수업』을 보았습니다. 암의 고통으로 밤새 잠을 못 잘 때, 죽음에게 이렇게 질문했다고 합니다. '죽음아, 너는 누구냐?' 죽음의 본질을 질문하며 인생의 본질을 질문하는 영웅의 모습이었습니다.

[에필로그]

이어령(1933-2022) 선생은 2007년 딸 때문에 예수를 믿게 되었습니다.

하와이에서 살던 이민아 목사(1959-2012)가 망막박리 증세로 실명 위기에 처했을 때 기도했습니다. "내 딸에게서 빛을 거두지 않으신다면 내 남은 생은 당신을 위해 봉사하며 살겠습니다." 7개월 만에 딸이 치유받았고, 이어령 선생은 온누리 교회에서 세례를 받았습니다. 딸은 2012년에 먼저 하늘로 가셨습니다. TV 아침 방송에서 말기 암 환자로 환하게 복음과 생명을 이야기하던 야윈 얼굴이 기억납니다. 아버지는 10년이 지나 2022년 89세의 나이로 하늘로 가셨습니다. 인생 말년에 참 많은 책을 쓰셨습니다. 두 분 다 세상 사람들에게 죽음을 넘어가는 위대한 모습을 보여주셨습니다.

5. 체인 스타일
5.3. 문제 제기, 원인, 반대 개념 및 유익들, 해결책

본문: 요한일서 2:12-29
질문: 우리는 왜 행복하지 않을까?
목적: 영이 성장해야 행복할 수 있다는 것을 알게 한다.

[1] 문제 제기: 많은 그리스도인이 기대만큼 행복하지 못합니다.
[2] 원인: 행복하지 못한 원인은 영이 성장하지 않기 때문입니다.
[3] 반대 개념 및 유익: 영이 성장하면 행복한 삶을 살 수 있습니다.
[4] 해결책: 어떻게 해야 성장할 수 있을까요? 말씀으로 아버지와 아

들 안에 거할 때 성장할 수 있습니다.

[프롤로그]

인간은 행복을 추구할 권리가 있습니다. 행복이란 무엇일까요? 심리학자 매슬로(1908-1970)는 자아실현을 행복으로 보았습니다. 개인의 잠재 능력을 실현하려는 욕구가 충족되면 행복하다는 것입니다. 손흥민 선수처럼 자신의 축구 잠재 능력을 극대화하는 것이 자아실현입니다. 에릭 에릭슨(1902-1994)은 자아 통합을 행복으로 보았습니다. 자아 통합은 자신의 삶을 충만하게 수용하는 것을 의미합니다. 내가 성공적으로 살아왔다는 느낌입니다. 김형석(1920-) 교수 같은 분이 그렇습니다. 최근에는 『100세 철학자의 행복론』을 출판하셨습니다. 우리 그리스도인에게 행복은 무엇일까요?

사도 요한은 그리스도인이 영적으로 성장할 때 행복하다고 말합니다. 요한일서 2:12-14입니다. "자녀들아, 내가 너희에게 쓰는 것은 너희 죄가 그(예수)의 이름으로 말미암아 사함을 받았음이요. 아비들아, 내가 너희에게 쓰는 것은 너희가 태초부터 계신 이(하나님의 아들)를 알았음이요. 청년들아, 내가 너희에게 쓰는 것은 너희가 악한 자를 이기었음이라. 아이들아, 내가 너희에게 쓴 것은 너희가 하나님 아버지를 알았음이요."(요일 2:12-14). 그리스도인이 아이, 자녀, 청년, 아비의 단계로 성장한다는 말씀입니다.

[1] 문제 제기: 많은 그리스도인이 기대만큼 행복하지 못합니다.

그리스도인이 되면 행복할 줄 알았지만, 그렇지 않았습니다. 예수를 하나님의 아들로 믿어지기만 하면 인생이 순탄할 줄 알았습니다. 하지만 예수를 믿어도 인생의 문제는 여전했습니다. 미래가 깜깜하고, 내가 살 집 한 칸을 마련할 수 있을까 걱정이 되었습니다.

다들 비슷한 문제로 고민합니다. 교회 생활은 열심히 하지만, 그렇게 행복하지 않습니다. 교인들은 주로 돈 문제, 건강 문제, 관계 문제를 가지고 도움을 요청했습니다. 하나님께 문제 해결을 위해 기도하지만, 쉽게 풀리지 않습니다. 하나님에 대한 은밀한 반감이 일어납니다.

[2] 원인: 행복하지 못한 원인은 영이 성장하지 않기 때문입니다.

그리스도인이 교회를 다녀도 행복하지 못한 이유는 영이 성장하지 않기 때문입니다. 하나님과 영적으로 견고한 관계를 맺으면 문제가 있어도 견딜 수 있고 하나님을 의지하며 해결할 수 있습니다. 육체적으로 성장하지 못하는 어린아이는 불행합니다. 정신적으로 성장하지 못하는 청소년도 불행합니다. 영적으로 성장하지 못하는 그리스도인도 불행할 수밖에 없습니다.

[3] 반대 개념 및 유익: 영이 성장하면 행복한 삶을 살 수 있습니다.

예수 그리스도는 평생 영이 성장하는 삶을 사셨습니다. "예수는 지혜와 키가 자라가며 하나님과 사람에게 더욱 사랑스러워 가시더라"(눅 2:52). 12살에는 성전에서 교사들과 대화하며 지적으로 영적으로 성장하셨습니다. 공생애를 시작하실 때 '랍비'라는 칭호를 받으셨고, 권세 있는 가르침과 이적을 행하셨습니다. 제자들을 기르고 부족한 사람들을 하나님의 통치를 받는 사람으로 만드셨습니다. 부활 이후에는 제자들을 사도로 파송하시어 더 많은 제자들을 양육하게 하셨습니다.

오늘 말씀은 사도들의 복음을 듣고 성도들이 하나님과의 관계에서 아이, 자녀, 청년, 아비의 단계로 성장하는 것을 말합니다. 아이는 하나님 아버지를 알고, 자녀는 예수 이름으로 죄 용서를 경험하며, 청년은 말씀으로 사탄의 공격을 이기고, 아비는 창조주 하나님과의 교제를 통해 삼위일체의 신비를 깨닫습니다.

헨드릭 크레머는 『기독교 선교와 타종교』에서 고대 철학과 종교는 '자연주의 일원론'이라고 설명했습니다. 인간과 우주와 신이 하나로 보는 세계관입니다. 이는 인간과 세계를 창조하신 하나님을 모르기 때문입니다. 세상 사람들은 창조주 하나님을 직접 알 수 없으며, 이를 경험한 이스라엘 민족과 사도들이 예외입니다. 오늘 말씀은 하나님을 깊이 알아가는 영적 성장에 대해 말하고 있습니다. 아이, 자녀, 청년, 아비의 성장을 통해 하나님과의 관계를 깊게 이해하게 됩니다.

[4] 해결책: 어떻게 해야 성장할 수 있을까요? 말씀으로 아버지와 아들 안에 거할 때 성장할 수 있습니다.

첫째, 세상 사랑과 정욕 추구와 적그리스도의 미혹을 극복해야 합니다. 요한일서 2:15-16은 "이 세상이나 세상에 있는 것들을 사랑하지 말라. 누구든지 세상을 사랑하면 아버지의 사랑이 그 안에 있지 아니하니 이는 세상에 있는 모든 것이 육신의 정욕과 안목의 정욕과 이생의 자랑이니라"라고 말씀합니다. 세상적인 유행, 육신의 정욕, 적그리스도의 미혹을 따르지 말라고 경고합니다.

둘째, 하나님이 주시는 천국과 영의 열정, 성령의 기름부음을 받아야 합니다. 세상적인 것 대신 천국적인 것, 육신의 정욕 대신 거룩한 영의 열정, 적그리스도의 미혹 대신 성령의 기름부음을 받으라 하십니다. 성령의 기름부음은 성령의 권능이 부어져 흘러들어오는 것을 의미합니다. 요한일서 2:27은 "너희는 주께 받은 바 기름 부음이 너희 안에 거하나니 아무도 너희를 가르칠 필요가 없고 오직 그의 기름 부음이 모든 것을 너희에게 가르치며 또 참되고 거짓이 없으니 너희를 가르치신 그대로 주 안에 거하라"라고 말씀합니다.

셋째, 세상 사랑과 정욕 추구, 적그리스도의 미혹을 극복하고, 천국적인 것과 거룩한 영의 열정, 성령의 기름부음을 받으면, 놀라운 일이 일어납니다. 오늘 말씀은 말씀이 우리 영 안에 거하고, 우리 영이 아들과 아버지 안에 거하는 일이 일어난다고 합니다. "너희는 처음부터 들은 것을 너희 안에 거하게 하라. 처음부터 들은 것이 너희 안에 거하면 너희가 아들과 아버지 안에 거하리라"(요일 2:24). 하나님의 아들 예수 그리스도가 말씀으로 우리 안에 거하는 것이 가장 영적인 삶입니다. "자녀들아 이제 그의 안에 거하라. 이는 주께서 나타내신 바 되면 그가 강림하실 때에 우리로 담대함을 얻어 그 앞에서 부끄럽지 않게 하려 함이라"(요일 2:28). 주님과 마음으로 교통하고 마음을 공유하는 삶이 최고의 삶입니다.

[에필로그]

김형석 교수는 일상사 속에서 작은 진리의 아름다움을 발견하고 현대인의 삶의 본질에 대해 성찰하는 에세이들을 펴냈습니다. 『100세 철학자의 행복론』에서는 이렇게 썼습니다. "행복이 머무는 곳은 언제나 현재뿐이다. 오늘 더 귀한 성장과 노력을 쌓아가는 삶의 과정에서 행복이 솟아오른다." 행복이 먼 미래의 목표가 아니라, 현재의 성장과 노력의 과정에서 경험된다고 하셨습니다. 그리고 이렇게 덧붙였습니다. "나는 행복했습니다. 여러분도 행복하세요."

6. 내러티브 스타일

6.1. 기승전결 스타일

발단, 갈등, 절정, 대단원

본문: 민수기 22:1-20
질문: 하나님은 어떻게 발락의 저주를 막으셨을까?
목적: 하나님은 저주의 위협을 축복으로 바꾸며 하나님의 뜻을 친히

이루어가신다는 것을 알게 한다.

[1] 발단: 이스라엘이 저주의 사술에 걸릴 위험에 처했습니다.

[2] 갈등: 하나님이 발람에게 발락을 요청을 따라 가도록 허락해 주셨습니다.

[3] 절정: 하나님이 발람에게 저주 대신 축복을 예언하게 하셨습니다.

[4] 대단원: 하나님은 예수 그리스도를 통해 사탄의 저주를 막고 축복을 주셨습니다.

[프롤로그]

세상에 온갖 저주의 소리가 넘칩니다. '빌어먹어라', '나가 죽어라', '어디 잘되나 보자.' 이러한 저주가 실제로 효과가 있을까요? 사람들이 화가 나서 저러는구나 생각하고 넘어갑니다. 그러나 영의 세계에서는 상황이 다릅니다. 잠언 26:2에 이렇게 기록되어 있습니다. "까닭 없는 저주는 참새가 떠도는 것과 제비가 날아가는 것 같이 이루어지지 아니하느니라"(잠 26:2). 이유 없는 저주는 성립되지 않지만, 이유가 있는 저주는 이루어진다는 것입니다. 예전에 TV 사극에서 장희빈이 저주의 사술을 사용하는 장면을 본 적이 있습니다. 아프리카에서 복음 전도자가 오면 무당들이 집단적으로 저주의 사술로 공격한다고 합니다. 이스라엘도 가나안 땅을 향해 가다가 저주의 사술에 빠질 위험에 처했습니다.

[1] 발단: 이스라엘이 저주의 사술에 걸릴 위험에 처했습니다.

이스라엘은 요단 동편의 강국 아모리 족과 바산 족과 싸워 승리하였습니다. 요단 동쪽 지역에 난리가 났습니다. 이스라엘이 예상보다 강했습니다. 이스라엘은 모압 평지에 진을 쳤습니다. 모압 왕 발락이 경악했습니다. 정규전으로는 이길 수 없다고 판단하고 다른 전략을 세웠습니다. 이스라엘을 저주하고 공격하기로 하였습니다. 그 지역에서 저주의 능력이 가장 강한 인물을 찾았습니다. 메소포타미아 지역의 '브돌'에 사는 발람이라는 사람이었습니다(신 23:3-6). 그는 복을 빌면 복을 받고 저주를 하면 저주를 받는다고 소문이 자자했습니다(민 22:6). 발락은 모압 장로들과 미디안 장로들에게 큰 돈을 주어 보냈습니다(민 22:7). "와서 나를 위해 그들을 저주해 주시오. 그러면 내가 그들을 무찌르고 내 땅에서 몰아낼 수 있겠소이다." 이스라엘이 저주의 사술에 걸릴 위험에 처했습니다.

[2] 갈등: 하나님이 발람에게 발락의 요청을 따라 가도록 허락하셨습니다.

밤에 하나님이 발람에게 나타나셔서 "가지 마라" 하셨습니다(민 22:12). 모압 왕 발락은 더 큰 조건을 내걸었습니다. 더 높은 지위의 고관들을 보내고 더 많은 복채를 주겠다고 약속했습니다. "나에게 오는 것을 꺼려하지 마시오. 내가 당신에게 충분히 사례하고, 당신이 무슨 말을 해도 다 들어주겠소. 그러니 제발 와서 나를 위해 이 백성을 저주해 주시오"(민 22:16-17). 발람은 거절하지 못했습니다. 마음이 미세하게 흔들렸습니다. 밤에 하나님이 다시 나타나셨습니다. "그 사람들이 너를 부르러 왔거든 일어나 함께 가라. 그러나 내가 네게 이르는 말만 준행할지니라"(민 22:20). 이스라엘의 위기가 깊어지고 있습니다. 저주의 능력을 가진 발람이 모압과 이스라엘 진영을 향해 오고 있습니다.

[3] 절정: 하나님이 발람에게 저주 대신 축복을 예언하게 하셨습니다.

하나님이 신속하게 움직이기 시작하셨습니다. 하나님은 여호와의 사자를 보내시고 나귀까지 동원하셨습니다. 나귀가 여호와의 사자의 칼을 보았습니다. 자기를 때리던 발람에게 나귀가 말을 했습니다. 여호와의 사자가 발람에게 모습을 드러냈습니다. "보라, 내 앞에서 네 길이 사악하므로 내가 너를 막으려고 나왔더니 나귀가 나를 보고 이같이 세 번을 돌이켜 내 앞에서 피하였느니라. 나귀가 만일 돌이켜 나를 피하지 아니하였더면 내가 벌써 너를 죽이고 나귀는 살렸으리라"(민 22:32-33). 발람이 죽을 뻔했습니다. 자신이 범죄한 것을 시인하고 돌아가려 하자, 여호와는 가서 듣는 대로 말하라고 하셨습니다(민 22:35).

발락이 바알의 산당에서 저주를 요청했습니다. 그러나 하나님의 말씀이 발람에게 임했습니다. "이 백성은 홀로 살 것이라 그를 여러 민족 중의 하나로 여기지 않으리로다 야곱의 티끌을 누가 능히 세며 이스라엘 사분의 일을 누가 능히 셀고"(민 22:9-10). 두 번째 예언이 임했습니다.

"야곱의 허물을 보지 아니하시며 이스라엘의 반역을 보지 아니하시는 도다 여호와 그들의 하나님이 그들과 함께 계시니 왕을 부르는 소리가 그 중에 있도다"(23:21). "야곱을 해할 점술이 없고 이스라엘을 해할 복술이 없도다 이 때에 야곱과 이스라엘에 대하여 논할진대 하나님께서 행하신 일이 어찌 그리 크냐 하리로다"(민 23:23). 브올 산 꼭대기에서 세 번째 예언이 임했습니다. "야곱이여 네 장막들이, 이스라엘이여 네 거처들이 어찌 그리 아름다운고 그 벌어짐이 골짜기 같고 강 가의 동산 같으며 여호와께서 심으신 침향목들 같고 물 가의 백향목들 같도다 그 물통에서는 물이 넘치겠고 그 씨는 많은 물 가에 있으리로다 … 너를 축복하는 자마다 복을 받을 것이요 너를 저주하는 자마다 저주를 받을지로다"(24:5-9). 강한 축복의 예언이 계속 쏟아졌습니다. 발락은 진노하여 더 이상 축복하지 말고 떠나라고 소리쳤습니다. 발람은 모압과 주변 족속들의 멸망을 예언하고 자신의 고향으로 돌아갔습니다.

[4] 대단원: 하나님은 예수 그리스도를 통해 사탄의 저주를 막고 축복을 주셨습니다.

하나님은 예수 그리스도가 십자가에서 인류 대신 저주를 받게 하셨습니다. "그리스도께서 우리를 위하여 저주를 받은 바 되사 율법의 저주에서 우리를 속량하셨으니 기록된 바 나무에 달린 자마다 저주 아래에 있는 자라 하였음이라"(갈 3:13). 그리고 축복을 받게 하셨습니다. "이는 그리스도 예수 안에서 아브라함의 복이 이방인에게 미치게 하고 또 우리로 하여금 믿음으로 말미암아 성령의 약속을 받게 하려 함이라"(갈 3:14). 예수님은 우리의 저주를 대신 받고 대신 축복의 문을 여셨습니다. 말씀의 법을 따라 복 받는 삶의 길을 여셨습니다.

하나님의 축복은 선택만으로 오지는 않습니다. 순종을 통해 축복이 옵니다. 하나님의 나라의 법대로 살아야 축복이 오도록 설계해 두셨기 때문입니다. 예수 그리스도 안에서 성령의 능력을 통하여 율법을 이루는 삶을 살고, 하나님 나라의 원리를 발견하고 실행한 자들에게 축복을 주십니다.

[에필로그]

선데이 아델라자(1967-)의 책을 읽고 있습니다. 『오렌지 혁명』, 『하나님 나라가 이끄는 삶』, 『부의 5가지 원천』이라는 책입니다. 1967년 나이지리아에서 태어났습니다. 아버지와 어머니 없이 할머니의 도움으로 가난하게 자랐습니다. 가까스로 고등학교를 마치고 고향을 떠났습니다. 1986년 3월, 19세 때 유학 장학금을 신청하고 기다리며 공장에서 일하고 있던 중, 텔레비전에서 복음을 듣고 회심하였습니다. 6개월 후 소련으로 유학을 떠났습니다. 민스크 벨라루스에서 언론학(저널리즘)을 공부했습니다. 아프리카 유학생들이 만든 지하 교회에서 기도하고 말씀을 읽으며 하나님을 깊이 알아갔습니다. 1992년 6년을 공부한 끝에 저널리즘 석사 학위를 받았습니다. 우크라이나 키예프 방송국에서 기자 생활을 시작했습니다. 1993년 키예프에서 교회를 세우라는 음성을 들었습니다. 1994년 공식적으로 교회를 개척했습니다. '하나님의 대사 교회'라는 이름으로 교회를 넘어 우크라이나 전체를 위해 사역하라는 부르심을 받았습니다. 무신론 정부와 우크라이나 정교회의 질시와 박해 속에서 유럽에서 가장 큰 개신교 은사주의 교회를 세웠습니다. 25,000명의 교인이 모이는 교회를 세웠고, 3,000개의 시민단체를 설립하여 사회 모든 영역에서 하나님 나라의 원리를 실천하며 2백만 명을 예수 그리스도에게 인도했습니다. 그는 하나님께 기도한다고 축복이 오는 것이 아니라 하나님이 세우신 하나님 나라 원리를 발견하고 실천할 때 축복이 온다고 했습니다. 하나님 나라의 원리를 성경에서 찾아 실행하면 축복은 저절로 온다는 놀라운 메시지였습니다.

6. 내러티브 스타일
6.2. 이야기 설교(유진 라우리)

본문: 데살로니가후서 2:1-17
질문: 적그리스도의 등장을 막는 자가 누구일까?
목적: 적그리스도의 활동을 막는 자는 복음 선포자라는 것을 알게 한다.

[1] 문제 제기/ 평형을 깨뜨려라: 역사 종말에 악한 자가 기적을 일으킬 수 있습니다.

[2] 원인 분석/ 모순을 드러내라: 하나님이 악한 자가 기적을 일으키는 것을 허락하십니다.

[3] 해결책/ 해결의 실마리를 제시하라: 불법의 사람의 출현을 막는 자가 있습니다.

[4] 확신/ 복음을 경험하게 하라: 예수 그리스도는 이미 승리하셨습니다.

[5] 소망/ 결과를 기대하게 하라: 불법의 활동이 강할수록 하나님이 삶의 모든 영역에서 영광을 받으시도록 복음을 더 강하게 전파합시다.

[프롤로그]

휴거에 대한 설교가 부쩍 늘고 있습니다. 대환난이 오고 적그리스도의 경제 체제가 시작되고, 신부들을 공중으로 들어 올리신다고 합니다. 1992년 10월 28일 주님의 재림을 예언하던 이들이 소동을 일으켰습니다. 다미 선교회 사건 이후 종말론 설교가 사라졌다가 다시 등장하고 있습니다. '딥 스테이트'나 '세계 정부' 같은 용어들이 난무합니다.

데살로니가 교회도 동일한 문제로 고민했습니다. "주의 날이 이르렀다"(살후 2:1-2)고 주장하는 이들이 있었습니다. 종말이 이미 도래했다, 종말은 끝났다, 앞으로는 더 이상 올 종말이 없다고 했습니다. 바울은 데살로니가 교회에 종말에 대해 어떻게 가르쳤을까요? 바울은 종말이 오기 전에 먼저 배교가 일어나고, 불법의 사람이 나타날 것이라고 가르쳤습니다(살후 2:3-4). 불법의 사람은 자신을 신격화하는 인물입니다. 신의 자리에 앉아 자기를 하나님이라 주장하는 자입니다(살후 2:4). 아직 종말의 때는 아니라는 것입니다.

[1] 문제 제기: 역사 종말에 악한 자가 기적을 일으킬 수 있습니다.

바울은 종말에 불법의 사람, 즉 악한 자가 기적을 일으킬 수 있다고 합니다. 데살로니가후서 2:9-10입니다. "악한 자의 나타남은 사탄의 활동을 따라 모든 능력과 표적과 거짓 기적과 불의의 모든 속임으로 멸망하는 자들에게 있으리니"(살후 2:9-10). 사탄이 성령의 역사를 흉내 낸다는 것입니다.

[2] 원인 분석: 하나님이 악한 자가 기적을 일으키는 것을 허락하십니다.

바울은 하나님이 이 거짓 기적을 허락하신다고 합니다. "이러므로 하나님이 미혹의 역사를 그들에게 보내사 거짓 것을 믿게 하심은"(살후 2:11). 왜 허락하실까요? 진리를 믿지 않고 불의를 좋아하는 사람들을 심판하기 위해 거짓 미혹을 허락하셨다고 합니다. "진리를 믿지 않고 불의를 좋아하는 모든 자들로 하여금 심판을 받게 하려 하심이라"(살후 2:12).

[3] 해결책: 불법의 아들의 출현을 막는 자가 있습니다.

그러나 바울은 불법의 아들의 출현을 막는 것과 막는 자가 있다고 설명합니다. "너희는 지금 그로 하여금 그의 때에 나타나게 하려 하여 막는 것이 있는 것을 아나니 불법의 비밀이 이미 활동하였으나 지금은 그것을 막는 자가 있어 그 중에서 옮겨질 때까지 하리라"(살후 2:6-7). 불법의 비밀을 막는 것과 막는 자가 무엇일까요? 헨드리쿠스 베르코프 교수는 불법의 비밀을 막는 것은 복음 전도이고, 막는 자는 복음 전도자라고 보았습니다. 복음 전도자의 복음 전도가 불법의 사람의 출현을 막고 있다는 것입니다. 바울은 복음 전도가 하나님이 원하시는 만큼 되면 예수님이 다시 오시어 불법의 사람을 제거하실 것이라고 합니다. "그 때에 불법한 자가 나타나리니 주 예수께서 그 입의 기운으로 그를 죽이시고 강림하여 나타나심으로 폐하시리라"(살후 2:8).

[4] 확신: 예수 그리스도는 이미 승리하셨습니다.

예수 그리스도는 십자가에서 사탄의 권세를 깨뜨리고 승리하셨습니다. 통치자들과 권세들을 무력화시켜 드러내어 구경거리로 삼으시고 십자가로 그들을 이기셨습니다(골 2:15). 마귀의 권세가 무장해제당했습니다. 하나님의 아들은 마귀의 일을 멸하기 위해 나타나셨습니다(요일 3:8). 최후 승리의 날(Victory Day)은 남아 있지만, 이미 대반전(Decision Day)이 일어났습니다. 사탄의 나라는 무너지고 있습니다.

[5] 소망: 불법의 활동이 강할수록 하나님이 삶의 모든 영역에서 영광을 받으시도록 복음을 더 강하게 전파합시다.

요즘 불법의 활동이 더 강해지고 있습니다. 하늘의 통치가 가까이 내려올수록 이들이 압박을 받는 모양입니다. 이럴 때 우리는 삶의 모든 영역에서 하나님이 영광을 받으시도록 복음에 합당한 삶을 살면서 복음을 드러내야 하겠습니다. "주께서 사랑하시는 형제들아, 우리가 항상 너희에 관하여 마땅히 하나님께 감사할 것은 하나님이 처음부터 너희를 택하사 성령의 거룩하게 하심과 진리를 믿음으로 구원을 받게 하심이니 이를 위하여 우리의 복음으로 너희를 부르사 우리 주 예수 그리스도의 영광을 얻게 하려 하심이니라"(살후 2:13-14). 하박국 선지자처럼, 세상이 여호와 하나님의 영광을 인정하는 날을 꿈꾸어 봅니다. "이는 물이 바다를 덮음 같이 여호와의 영광을 인정하는 것이 세상에 가득함이니라"(하박국 2:14). 하나님은 역사 종말에 역사를 완성하시며 최고의 영광을 받으실 것입니다.

[에필로그]

'딥 스테이트'와 '세계 비밀 정부' 같은 이야기를 들으면 그들이 곧 세계를 장악할 것 같습니다. 그러나 '딥 스테이트'는 주가 아닙니다. 주님이 주님이십니다. 글로벌리스트들은 주가 아닙다. 주님이 주님이십니다. 하나님은 불법의 사람의 등장을 통제하고 구속의 역사를 친히 이루실 것입니다.

7. 4페이지 설교

본문: 사무엘상 30:21-31

질문: 하나님의 정의는 인간의 정의와 어떻게 다른가?

목적: 인간의 공평한 정의와 달리 하나님의 정의는 자비의 정의임을 깨닫게 한다.

[1] 본문에 나타난 문제

다윗의 일부 부하들이 전쟁에 참여하지 않은 이들에게 전리품을 나누어줄 수 없다고 주장했습니다.

[2] 이 세상에 있는 문제

우리 시대에 성과주의가 지나치게 만연되어 있습니다.

[3] 본문에 나타난 하나님의 행동

다윗은 전리품 분배에서 하나님의 정의를 실천했습니다.

[4] 세상에 나타난 하나님의 행동

하나님은 이 시대에 교회가 예수 그리스도의 의를 이루는 선교를 하기를 원하십니다.

[프롤로그]

김범수 교수는 『한국 사회에서 공정이란 무엇인가』라는 책에서 공정(fairness)과 정의(justice)를 구분했습니다. 공정은 분배의 올바름을, 정의는 보다 포괄적인 올바름을 의미합니다. 이익을 나눌 때 우리는 '공정하다' 또는 '공정하지 않다'고 말합니다. 하지만 전철에서 떨어진 노인을 구한 젊은이에게는 공정하다고 하지 않고 의롭다고 말합니다. 오늘 성경에도 공정과 정의에 관한 문제가 등장합니다. 다윗의 부하들 사이에서 전리품 분배를 두고 공정 논쟁이 일어났습니다.

[1] 본문에 나타난 문제: 다윗의 일부 군인들이 전쟁에 참여하지 않은 이들에게 전리품을 나누어줄 수 없다고 주장했습니다.

다윗은 사울의 추격을 피해 가드로 망명했습니다(삼상 27:1-4). 가드의 아기스 왕은 다윗이 사울의 원수라는 사실을 알고 그를 자신의 부하로 삼으려 했고, 시글락이라는 성읍을 주었습니다. 다윗은 이방 족속을 공격하고 유다를 공격했다고 거짓 보고를 하여 아기스 왕의 호의를 얻었습니다(삼상 27:8-12).

예상치 못한 상황이 발생했습니다. 블레셋과 이스라엘 사이에 전쟁이 벌어졌고, 다윗도 참전해야 했습니다. 블레셋 방백들이 다윗의 참전을 반대하여 피할 수 있었습니다. 하나님이 도우셨습니다.

다윗이 시글락으로 돌아왔을 때, 아말렉이 그곳을 노략질해 가족들을 잡아갔습니다(삼상 30:1-2). 다윗은 하나님께 묻고 600명의 병력을 이끌고 추격했으나, 브솔 시내에 이르러 200명이 지쳐 남게 되었습니다. 나머지 400명은 계속 추격하여 아말렉을 물리치고 가족과 전리품을 되찾았습니다(30:18-20).

돌아오는 길에 문제가 발생했습니다. 일부 다윗의 부하들이 브솔 시내에 남았던 200명에게 전리품을 나눌 수 없다고 주장했습니다. "다윗과 함께 갔던 자들 가운데 악한 자와 불량배들이 이르되, 그들이 우리와 함께 가지 아니하였으니 우리가 되찾은 물건은 그들에게 주지 말고 각자의 처자만 데리고 떠나가게 하라." 이는 성과주의, 즉 노력과 공적에 따라 분배해야 공정하다는 주장입니다.

[2] 이 세상에 있는 문제: 우리 시대에 성과주의가 지나치게 만연되어 있습니다.

과거에는 돈, 권력, 인맥이 사회를 지배했습니다. 최근에는 공정 문제가 크게 부각되었습니다. 공정한 경쟁을 통해 검증된 실력에 따라 기회가 주어져야 한다는 주장입니다.

일부 진보적인 사람들은 소수자 우대 정책을 지지하며, 사회 전반의 공정하고 정의로운 결과를 위해 과정에서의 불평등을 어느 정도 용인해야 한다고 주장합니다. 반면, 이를 역차별이라고 보는 이들도 있습니다. 기회 균등과 과정의 공정성을 강조하는 쪽과 결과의 공정성을 강조하는 쪽이 대립하고 있습니다. 정치가와 언론은 사안마다 다른 입장을 취합니다.

김범수 교수는 현재 우리 사회를 '개인주의적 능력주의'가 지배하고 있다고 봅니다. 경쟁이 치열해지면서 개인의 능력, 특히 시험이나 공개경쟁을 통해 검증된 능력이 중시되고, 능력에 따른 분배가 공정하다는 인식이 확산되고 있습니다. 그러나 개인주의적 능력주의가 진정한 공정인가에 대해서는 논란이 계속되고 있습니다.

[3] 본문에 나타난 하나님의 행동: 다윗은 전리품 분배에서 하나님의 정의를 실천했습니다.

다윗은 일부 부하들의 주장에 반대했습니다. 사무엘상 30:24에서 다윗은 "전장에 내려갔던 자의 분깃이나 소유물 곁에 머물렀던 자의 분깃이 동일할지니 같이 분배할 것이니라"라고 명령합니다. 하나님이 주신 승리이기 때문에 하나님의 마음으로 전리품을 분배하자 했습니다. "여호와께서 우리를 보호하시고 우리를 치러 온 그 군대를 우리 손에 넘기셨다"(삼상 30:23).

시편 33편 4-5절은 하나님은 공의와 정의를 사랑하시며, 세상에는 여호와의 인자하심이 충만하다고 말씀합니다. 공의와 정의(체데크, 미쉬파트)는 두 가지 뜻을 갖고 있습니다. 하나는 관계에서의 올바름이고, 다른 하나는 법정 판결의 올바름입니다. 하나는 올바른 관계를 지키는 행동이고, 다른 하나는 올바른 판결을 내리는 것을 의미합니다. 하나님은 의로운 백성을 만들고 싶어 하셨고, 아브라함을 선택하여 그의 자손들이 공의와 정의를 행하게 하려 했습니다. "여호와께서 이르시되 내가 하려는 것을 아브라함에게 숨기겠느냐 아브라함은 강대한 나라가 되고 천하 만민은 그로 말미암아 복을 받게 될 것이 아니냐 내가 그로 그 자식과 권속에게 명하여 여호와의 도를 지켜 의와 공도를 행하게 하려고 그를 택하였나니 이는 나 여호와가 아브라함에게 대하여 말한 일을 이루려 함이니라"(창 18:17-19). 하나님이 아브라함을 선택한 목적은 아브라함 가족으로 하여금 여호와의 도를 지켜 '의와 공도,' 즉 '공의와 정의'를 행하는 가족을 만들기 위함이라는 것입니다.

다윗도 이 점을 알고 있었습니다. 전쟁에 참여하지 않은 200명에게도 전리품을 나누는 것이 하나님의 의라고 보았습니다. "그 날부터 다윗이 이것으로 이스라엘의 율례와 규례를 삼았더니 오늘까지 이르니라"고 말합니다. 다윗은 유다 장로들에게도 전리품을 보냈습니다(삼상 30:26).

[4] 세상에 나타난 하나님의 행동: 하나님은 이 시대에 교회가 예수 그리스도의 의를 이루는 선교를 하기를 원하십니다.

이스라엘의 역사는 하나님의 공의와 정의를 드러내는 데 실패한 역사입니다. 그러나 하나님은 십자가를 통해 하나님의 공의와 정의를 다시 드러내셨습니다. 바울은 이를 깨닫고 로마서에 기록했습니다. 바울은 로마서 1:17과 3:21-25에서 말했습니다. "하나님은 의로우신 분으로서 인간을 대신하여 아들 예수 그리스도를 십자가에 내주셨다. 이를 통해 하나님의 의도 이루시고, 인간도 다시 의롭게 될 수 있는 길을 여셨다." 신약에서 하나님은 죄인된 약자를 보호하는 공의와 정의를 베푸셨습니다.

[에필로그]

우리 시대에 동성애 이슈와 관련해 소수자의 인권과 다수자의 양심의 자유와 표현의 자유가 충돌하고 있습니다. 하나님의 정의는 약자를 보호하되 죄는 허용하지 않습니다. 예수님은 간음하다 잡혀 온 여인에게 말씀하셨습니다. "나도 너를 정죄하지 아니하노니 가서 다시는 죄를 범하지 말라"(요 8:11).

6장
원 포인트 복음 설교 감상

I. 로마서 1:18-32 "하나님은 왜 사악한 자들을 참으실까?"

체인 스타일: 결과, 이유, 이유

[프롤로그]

뉴스에 범죄자들이 많이 나옵니다. 이들이 특종을 노리는 매스컴을 장식합니다. 뻔한 거짓말을 하는 정치인들도 등장합니다. 너무 무서운 죄를 지은 자들도 보입니다. 그때 사람들이 이렇게 말합니다. "귀신은 저런 것도 안 잡아가고 뭐하나?" 귀신이 왜 안 잡아갈까요? 아니 하나님은 왜 가만히 계실까요?

[1] 긍정 결과: 인간은 하나님을 거역하고도 죽지 않았습니다.

하나님은 인간을 하나님의 형상으로 창조하시고 복과 함께 사명을 주셨습니다. 지구를 다스리라 하셨습니다. "하나님이 그들에게 복을 주시며 하나님이 그들에게 이르시되 생육하고 번성하여 땅에 충만하라, 땅을 정복하라, 바다의 물고기와 하늘의 새와 땅에 움직이는 모든 생물을 다스리라 하시니라"(창 1:28). 에덴동산을 경작하라는 사명입니다(창 2:15).

인간은 사명을 거역했습니다. 하나님처럼 되고 싶은 마음에 명령 따르기를 거부했습니다. 이미 "선악을 알게 하는 나무의 열매는 먹지 말라 네가 먹는 날에는 반드시 죽으리라"(2:17) 말씀하셨습니다. 아담과 하와는 죽지 않았습니다. 동산 밖으로 쫓겨났습니다. 하나님은 죽기 시작하게 하셨으나 바로 죽게 하지는 않으셨습니다.

[2] 이유: 왜 죽지 않았을까요? 하나님이 인간을 인내로 관용하셨기 때문입니다.

아담과 하와는 왜 바로 죽지 않았을까요? 아담을 보호하시고 인류에게 기회를 주시기 위함입니다. 오늘 하나님이 죄 많은 인간들이 죄를 짓는 것을 '내버려 두셨다'는 구절이 세 번(롬 1:24, 26, 28) 나옵니다. "그러므로 하나님께서 그들을 마음의 정욕대로 더러움에 '내버려 두사' 그들의 몸을 서로 욕되게 하게 하셨으니"(롬 1:24). 이것을 '일반 은총'이라고 합니다.

가인은 형제 아벨을 죽였기 때문에 하나님 앞에서 쫓겨났습니다. 그러나 그는 여전히 생존했습니다. 하나님이 가인에게 은혜를 베푸셨습니다. 가인은 족장이 되어 땅을 정복하는 작업을 감당하며 문화를 발전시키기 시작했습니다(창 4:15-24).

1894년 네덜란드 신학자 헤르만 바빙크가 "일반 은총"이란 강의를 하고 소책자로 출판했습니다. 바빙크는 이렇게 말했습니다. "하나님이 인간의 타락에도 불구하고 초자연적인 일반 은총을 베푸셨다. 창조 질서를 유지하고 인간의 죄를 억제하고 문화 발전을 허락하고 인간이 미덕을 성취하게 하셨다."

[3] 또 이유: 왜 인내로 관용하셨을까요? 이 땅에서 하나님의 통치를 이루시려는 창조 목적 때문입니다.

하나님은 왜 인간의 죄를 인내로 관용하셨을까요? 세상을 창조하신 목적이 여전히 있었기 때문입니다. 하늘뿐만 아니라 이 땅에서도 하나님의 나라를 세우시려는 목적이 그대로 있었습니다. 아담과 하와는 동산 밖에서 땅을 채우고 정복하고 다스리는 사명을 계속 감당해야 했습니다. 고통스런 출산과 힘든 노동의 심판 속에서도 하나님이 원래 주신 사명을 감당했습니다. 아담이 심판의 고통을 감수해야 했다면 하나님은 무엇을 감수하셨을까요? 하나님은 인간의 죄를 인내하시는 고통을 감수하셨습니다.

하나님은 인간의 죄를 인내하시며 두 가지 일을 하셨습니다. 하나는 일반 은총이고 다른 하나는 특별 은총입니다. 첫째, 자연의 일반 은총을 통해 여전히 하나님이 존재하심을 보여주셨습니다. "이는 하나님을 알 만한 것이 그들 속에 보임이라 하나님께서 이를 그들에게 보이셨느니라 창세로부터 그의 보이지 아니하는 것들 곧 그의 영원하신 능력과 신성이 그가 만드신 만물에 분명히 보여 알려졌나니 그러므로 그들이 핑계하지 못할지니라"(롬 1:19-20).

둘째, 이스라엘과 교회에게 특별 은총을 베푸셨습니다. 이스라엘은 바로의 억압과 압제로부터 구속하셨습니다. 교회는 사탄의 억압과 압제로부터 구속하셨습니다. 바울은 십자가를 하나님의 사랑이라고 하였습니다. "우리가 아직 연약할 때에 기약대로 그리스도께서 경건하지 않은 자를 위하여 죽으셨도다. 의인을 위하여 죽는 자가 쉽지 않고, 선인을 위하여 용감히 죽는 자가 혹 있거니와, 우리가 아직 죄인 되었을 때에 그리스도께서 우리를 위하여 죽으심으로 하나님께서 우리에 대한 자기의 사랑을 확증하셨느니라"(롬 5:6-8). 바울은 십자가를 '하나님의 의'라고도 하셨습니다. "모든 사람이 죄를 범하였으매 하나님의 영광에 이르지 못하더니, 그리스도 예수 안에 있는 속량으로 말미암아 하나님의 은혜로 값없이 의롭다 하심을 얻은 자 되었느니라. 이 예수를 하나님이 그의 피로써 믿음으로 말미암는 화목제물로 세우셨으니, 이는 하나님께서 길이 참으시는 중에 전에 지은 죄를 간과하심으로 자기의 의로우심을 나타내려 하심이니, 곧 이 때에 자기의 의로우심을 나타내사 자기도 의로우시며 또한 예수 믿는 자를 의롭다 하려 하심이라"(롬 3:23-26).

[4] 반응: 내 죄를 오래 참아 주시는 하나님께 감사드리며 예수를 그리스도로 믿고 율법의 요구를 이루고 축복된 삶을 삽시다.

이렇게 두 가지 큰 은혜를 받은 우리는 이제 어떻게 살아야 할까요? 율법을 지키고 살아야 합니다. 율법을 우리 힘으로 지킬 수는 없습니다. 율법은 우리가 율법을 지킬 수 있는 능력이 없다는 것을 보여줍니다. 그러나 예수님이 우리 대신 죄 값을 치르시고 성령이 우리 안에 오신 후 상황이 바뀌었습니다. 이제 성령의 능력으로 율법을 지킬 수 있게 되었습니다. "육신을 따르지 않고 그 영을 따라 행하는 우리에게 율법의 요구가 이루어지게 하려 하심이니라"(롬 8:4). 성령을 받으면 율법을 지키고 싶은 마음이 생깁니다. 율법을 지킬 능력을 주십니다. 율법을 지키면 하늘의 신령한 복, 땅의 기름진 복을 받고 삽니다.

[에필로그]

하나님이 오래 참아 주시다가 구원하신 분이 있습니다. 이어령(1933-2022) 선생은 2007년 74세 때 세례를 받으셨습니다. 당시 사람들이 만나기만 하면 '어쩌다가 예수를 믿게 되었느냐?'고 질문했다 합니다. "질문은 한 가지이지만 묻는 사람의 말투는 제각각 다릅니다. 예수님을 이웃집 강아지 이름 부르듯이 하는 안티 크리스천들은 경멸조로 묻고, 카뮈의 경우처럼 신 없는 순교자를 자처하는 예술가들은 배신자를 대하듯 질책하는 투로 말합니다. 다른 종교를 믿고 있는 사람들은 아쉬운 표정으로 금시 혀라도 찰 듯이 혹은 한숨을 쉴 것처럼 낮은 목소리로 질문합니다. 심지어 어떤 친구는 '예수쟁이 됐다면서'라고 내뱉듯이 비웃습니다."

II. 민수기 27:1-11 "하나님의 나라에서 부의 원리가 있을까?"

체인 스타일: 결과, 이유, 이유

[프롤로그]

하나님께서 경제 영역에서 작동하게 하신 하나님 나라의 경제 원리가 있을까요? 하나님은 어떻게 부를 생산하고 분배하게 하셨을까요? 하나님 나라에서 부의 원리가 있다면 어떤 것이 있을까요? 하나님은 어떻게 분배 정의 문제를 해결하실까요? 모세 시대, 므낫세 지파에서 이런 문제가 발생했습니다.

[1] 긍정 결과: 하나님은 슬로브핫 딸들의 토지 상속 요구를 들어주셨습니다.

하나님은 광야에서 모세에게 두 번째 인구 조사를 시키신 후 땅을 분배하는 원칙을 세우셨습니다. 땅 분배는 토지 소유권을 인정하신다는 뜻입니다. 분배에서 두 가지 원칙을 주셨습니다. 사람 수에 따라 크기를 달리하고, 제비뽑기로 하라 하셨습니다(민 26:52-56). 한 사람 한 사람 개인을 배려하고, 하나님의 통치 주권에 맡기라는 뜻입니다.

광야에서 아버지가 죽어 땅 분배를 받지 못하게 된 딸들이 있었습니다. 므낫세 지파 슬로브핫의 다섯 딸, 말라, 노아, 호글라, 밀가, 디르

사입니다(민 27:1). 아버지가 아들이 없이 죽어 딸들만 남았습니다. 슬로브핫의 딸 다섯이 회막 문에서 모세와 회중 앞에 섰습니다. "아비가 아들 없이 광야에서 죽었습니다. 아들이 없어 가문이 없어지게 생겼습니다. 아버지의 형제 삼촌들에게 갈 토지를 우리 딸들에게 주시어 아버지의 이름이 종족 중에 보전되게 해 주십시오."

모세는 그동안 받은 법으로 해결할 수 없어 여호와께 여쭈었습니다. 여호와는 말씀하셨습니다. "슬로브핫 딸들의 말이 옳다. 아버지에게 돌아갈 몫을 딸들에게 주어라. 그들의 삼촌들과 마찬가지로 딸들도 땅을 소유하게 하라."(민 27:7).

[2] 이유: 왜 들어주셨습니까? 아비의 집의 토지를 유지하기 위함입니다.

하나님은 왜 슬로브핫 딸들의 토지 상속 요구를 들어주셨을까요? 아버지가 죽었을 때 토지가 가족들에게 유지되게 하기 위함입니다. 여호와가 상속법을 보완해 주셨습니다. "어떤 사람이 아들 없이 죽으면 딸에게 그 재산을 물려 주고, 딸도 없으면 그 형제에게 물려 주고, 형제도 없으면 그 죽은 사람의 삼촌에게 물려 주고, 그의 삼촌도 없으면 그 재산을 가장 가까운 친척에게 주어라. 나 여호와가 너에게 명령한 대로 이스라엘 백성은 이것을 법으로 지켜야 한다."(민 27:8-11). 가까운 순서대로 물려 주라는 것인데요. 왜 그러셨을까요? 토지를 잃은 가족에게 토지를 다시 회복할 기회를 주시기 위함입니다. 토지를 가문에 가깝게 유지해 두었다가 '희년'에 원 가족에게 되돌리기 위해서입니다. 마지막에 토지를 보유한 친척이 가지고 있어야 원상 회복이 쉽기 때문입니다.

[3] 또 이유: 왜 아비 집의 토지를 유지하게 하셨을까요? 친족 내 식구들이 살 수 있는 최소한의 경제 기반을 만들기 위함입니다.

하나님은 왜 아비 집의 토지를 유지하게 하셨을까요? 하나님은 하나님의 성품이 반영된 사회를 만들어 열방에 보여주고자 하셨습니다. 고대 근동 국가들은 왕정 국가였습니다. 그러나 하나님은 이스라엘을 왕이 없는 국가로 만드셨습니다. 그때그때 사사를 일으켜 다스리셨습니다. 지파(tribe), 씨족(clan), 가구(household) 순서로 사회 질서를 잡았습니다. 할아버지, 아버지, 손주 3대로 구성된 확대 가족이 토지를 공동 소유하게 하셨습니다.

무슨 의미일까요? 하나님은 최하위 층에게 최소한의 삶의 경제적 기반을 조성해 주셨다는 뜻으로 이해됩니다. 대 가족 안에서 여러 식구들이 자급자족으로 살 수 있게 하셨습니다. 토지를 상업적으로 매매하지 못하게 했습니다. 사정이 생겨 매각될 경우 혈족이 보유하게 했습니다. 레위기 25장에서 50년 후에는 원주인에게 돌리는 희년법을 만드셨습니다(레 25). 가장 약하고 가난하고 위협에 처해 있는 자들을 보호하기 위한 조치였습니다.

몇 가지 하나님 나라 경제 원리가 드러납니다. 첫째, 사람 수에 따라 토지 분배 규모를 달리하신 것을 보면, 하나님은 한 사람의 개인을 배려하십니다. 둘째, 하나님이 제비뽑기로 분배하신 것을 보면, 하나님은 경제 영역에서도 주권적으로 분배하십니다. 사람마다 돈 버는 능력을 다르게 주신 것 같습니다. 셋째, 친족 내 확대 가족별로 토지를 분배한 것을 보면, 모든 사람에게 최소한의 경제 기반을 조성해 주십니다. 개인의 극단적 자유를 허용하시지도 않고, 집단의 획일적 평등을 강요하지도 않으셨습니다. 개인을 존중히 여기시고, 각자 몫을 다르게 분배하시고, 모든 사람에게 최소한의 경제적 기초는 마련해 주셨습니다.

예수님도 하나님 나라의 경제 원리를 말씀하십니다. 누가복음 19:11-27에서 '므나' 은화의 비유를 말씀하셨습니다. 한 귀인(귀족)이 열 사람에게 열 므나를 주고 장사를 맡기고 떠났습니다. 한 므나씩 주고 장사를 시킨 것입니다. 귀인이 돌아왔습니다. 첫 번째 종이 말했습니다. "주인님, 저는 한 므나로 열 므나를 벌었습니다." "잘하였다. 착한 종아, 네가 아주 작은 일에 충실하였으니 네게 열 도시를 다스리는 권한을 주겠다." 두 번째 종이 말했습니다. "저는 한 므나로 다섯 므나를 벌었습니다." "네게 다섯 도시를 다스리는 권한을 주겠다." 다른 종은 이렇게 말했습니다. "주인님의 한 므나가 여기 있습니다. 내가 이것을 수건에 싸서 잘 간수하였습니다." 귀인은 한 도시 다스리는 권한을 주지 않고, 한 므나마저 빼앗았습니다. 이 비유에는 청지기 원리와 보상의 원리가 있습니다. 하나님이 재물을 분배하시고 경영하게 하시고, 성과를 낸 만큼 보상하신다는 원리입니다.

[4] 반응: 자본주의 사회에서 하나님의 정의가 경제 영역에서 실현된 모습을 상상하며 삽니다.

20세기 일부 국가는 자본주의 폐해를 극복한다고 공산주의, 사회주의 경제 체제를 선택했습니다. 경제가 되는 듯하다가 무너졌습니다. 우리나라가 러시아, 중국, 베트남, 북한의 길을 가지 않은 게 얼마나 다행인지요. 그러나 반공만으로 경제 문제를 해결할 수는 없습니다. 하나님이 원하시는 경제 원리가 필요합니다.

자본주의 사회에서 하나님 나라 경제 원리로 사는 하나님 나라 백성들이 많이 나오기를 기도합니다. 사회주의 공산주의 경제 체제는 작동이 되지 않습니다. 자본주의만으로 하나님 나라 경제 원리를 다 담을 수도 없습니다. 하나님 나라 경제 원리 아래, 자본주의의 장점을 살리고 자본주의의 양극화 폐해를 극복하는 노력이 필요합니다. 하나님을 믿는 하나님 나라의 자본가들이 구제를 많이 하고, 건강한 사회를 만들기 위해 청지기 역할을 해야 하겠지요. 하나님을 믿는 중산층들이 주도적으로 자기 직장과 일상에서 하나님 나라 원리를 실천하는 나라를 상상합니다. 하나님을 믿는 가난한 사람들이 하나님 나라 경제 원리를 실천하여 축복을 받아 자산가로 성장하고 하나님께 영광을 돌리는 나라를 꿈꿉니다.

[에필로그]

하나님 나라 경제 원리가 있다면, 개인이 부를 얻는 원리도 있을까요? 선데이 아델라자(1967-)가 쓴 『부의 5가지 원천』을 정독했습니다. 돈은 부가 밖으로 나타난 형태일 뿐, 부 자체는 아니라고 합니다. 돈이 있어도 부유하지 않은 사람이 있습니다. 복권에 당첨된 자, 큰 유산을 받은 자들입니다. 돈이 없어도 부유한 자가 있습니다. 부의 원천을 알고 있고 부의 원천을 갖고 있는 자들입니다. 이런 이들은 곧 돈을 법니다.

선데이 아델라자는 부의 원천으로 다섯 가지를 들었습니다. 첫째, 시간, 둘째, 공간, 셋째 개인의 자아, 넷째, 일, 다섯째, 법과 질서라고 보았습니다. 모든 사람이 24시간을 공평하게 받았습니다. 모든 사람이 부의 기회를 얻을 수 있는 공간을 탐사할 수 있습니다. 모든 사람이 자기 역량을 개발할 수 있습니다. 넷째, 모든 사람이 열심히 일할 수 있습니다. 다섯째, 부를 얻기 위한 법과 질서를 세우고 지킬 수 있습니다. 하나님이 부의 원천을 주신 것입니다.

이런 권고를 했습니다. 돈을 쫓아다니지 말라. 부의 원천을 획득하기 위해 노력하라. 돈은 저절로 따라온다. 세상 사람들이 돈을 벌기 위해 바쁘게 살지만, 부의 원천을 획득하기 위한 노력은 잘 하지 않는다. 그리스도인도 기도만 하고, 부의 원천을 얻기 위해 노력하지 않는 것은 마찬가지다. 그러면 하나님은 복을 주시고 싶어도 줄 수 없다. 하나님은 하나님 나라 경제 원리로 하나님 나라를 다스리기 때문이다. 한 마디 한 마디가 무겁게 다가왔습니다.

III. 민수기 16:1-15 "고라 일당은 왜 모세에게 반란을 일으켰을까?"

내러티브 스타일: 이야기 설교

[프롤로그]

인간은 평등합니다. 그러나 평등한 인간만으로 사회가 유지될 수 있을까요? 인간이 정말 평등하게 살 수 있을까요? 우리는 성격도 다르고, 능력도 다르고, 좋아하는 일도 다르고, 성향도 다릅니다. 이렇게 서로 다른 사람들이 어떻게 조직 안에서 평등하게 살 수 있을까요? 보통 복잡한 이야기가 아닙니다.

[1] 문제 제기/ 평형을 깨뜨려라: 고라 일당이 하나님이 세우신 권위를 거부하고 죽임을 당했습니다.

광야 생활 중 고라 일당이 모세의 권위에 반기를 들었습니다. 르우벤 지파 세 사람, 다단과 아비람과 온, 250명의 지휘관이 고라를 따랐습니다. 이들이 모세와 아론에게 대들었습니다. "모세와 아론, 당신들은 분수를 넘었다. 회중이 다 각각 거룩하고 여호와께서도 그들 중에 계시지 않느냐?" "그런데 너희가 어찌하여 여호와의 총회 위에 스스로 높이느냐"(민 16:3).

다음 날, 회막 앞에 군중이 모였습니다. 모세와 아론과 장로들이 한

편에 섰습니다. 고라와 다단과 아비람과 250명이 다른 편에 섰습니다. 고라가 백성을 선동하여 모세와 아론을 치려했습니다. 여호와께서 영광의 빛으로 나타나셨습니다. 여호와는 고라와 다단과 아비람의 가족을 땅을 갈라 죽이고 덮으셨습니다(민 16:31-33). 분향하던 250명을 불살라 죽였습니다.

[2] 원인 분석/ 모순을 드러내라: 고라 일당이 죽은 것은 하나님이 권위를 세우셨다는 것을 인정하지 못하고 인간이 스스로 권위를 세운다고 생각했기 때문입니다.

고라와 다단과 아비람은 왜 모세와 아론의 권위를 거부하다가 죽임을 당했을까요? 하나님이 모세와 아론의 권위를 세우셨다는 것을 받아들이지 못하고 인간이 스스로 권위를 세운다고 생각하기 때문입니다.

고라 일당이 이렇게 말했습니다. "너희가 어찌하여 여호와의 총회 위에 스스로 높이느냐" "스스로 우리 위에 왕이 되려 하느냐"(민 16:13). 모세가 스스로 권위를 주장하고 있다고 보았다는 것이지요. 세상 사람들이 그러고 자기들도 그러니, 모세도 그럴 것이라고 생각한 것입니다. 하나님이 모세를 불러 출애굽의 사명을 맡기고, 이를 위해 권위를 부여했다는 것을 인정하지 못한 것입니다.

성경은 정치적 권세에 대해 뭐라고 말씀하셨을까요? 크리스토퍼 라이트는 『현대를 위한 구약 윤리』에서 구약의 정치 신학을 이렇게 정리했습니다. 첫째, 모든 권세는 여호와의 것이다. 둘째, 정치 권세가 백성으로부터 와도 결정적으로는 하나님께로부터 오는 것이다. 셋째, 정치 권세의 모델은 섬김이다. 모세는 모든 지면의 사람보다 더 온유한 사람이었습니다(민 12:3).

[3] 해결책/ 해결의 실마리를 제시하라: 하나님은 예수 그리스도를 왕으로 믿는 새로운 하나님의 백성을 만드셨습니다.

신약 시대에 와서, 하나님은 새로운 선택을 하셨습니다. 모세 대신 하나님의 아들 예수 그리스도를 왕으로 보내셨습니다. 반역하는 이스라엘 백성 대신 예수 그리스도를 믿는 새로운 하나님의 백성을 일으키셨습니다.

예수 그리스도는 이 땅에서 무너진 하나님의 왕권을 회복하기 위해 오셨습니다. 하나님의 나라를 이 땅에 세우기 위해 오셨습니다. 마귀와 인간이 다스리는 세상 나라 한가운데 하나님이 다스리는 나라를 세우셨습니다.

부활하신 예수 그리스도는 40일 동안 제자들에게 하나님 나라의 일을 다시 가르치셨습니다. 주님은 새 나라를 가르치시고 하늘로 승천하셨습니다(행 1:9). 승천하신 예수 그리스도는 하나님 우편에 앉아 아버지 대신 이 땅을 다스리셨습니다. "그의 능력이 그리스도 안에서 역사하사 죽은 자들 가운데서 다시 살리시고 하늘에서 자기의 오른편에 앉히사 모든 통치와 권세와 능력과 주권과 이 세상뿐 아니라 오는 세상에 일컫는 모든 이름 위에 뛰어나게 하시고 또 만물을 그의 발 아래에 복종하게 하시고"(엡 1:20-22). 승천하신 주님은 제자들에게 성령을 부으셨습니다. 성령을 받은 제자들은 새로운 하나님의 백성이 되어, 주님의 왕권을 이 땅에서 대행하기 시작했습니다.

[4] 확신/ 복음을 경험하게 하라: 성도들은 섬기는 왕 예수의 권위를 받아 섬기는 왕 노릇을 할 수 있습니다.

예수 그리스도는 어떤 왕이십니까? 아주 특별한 왕입니다. 섬기는 왕이십니다. "인자가 온 것은 섬김을 받으려 함이 아니라 도리어 섬기려 하고 자기 목숨을 많은 사람의 대속물로 주려 함이니라"(마 20:28). 예수를 믿는 성도들도 '섬기는 왕'의 왕권을 수행하게 되었습니다. "은혜와 의의 선물을 넘치게 받는 자들은 한 분 예수 그리스도를 통하여 생명 안에서 왕 노릇 하리로다"(롬 5:17). "미쁘다 이 말이여 우리가 주와 함께 죽었으면 또한 함께 살 것이요 참으면 또한 함께 왕 노릇 할 것이요"(딤후 2:11-12). 섬기는 왕은 무슨 일을 할까요? 사람들의 필요를 채우고 성장시키는 일을 합니다. 지극히 작은 자를 섬기는 줄도 모르고 섬깁니다(마 25:31-46).

[5] 소망/ 결과를 기대하게 하라: 이 땅에서 섬기는 만큼 천국에서 다스리는 권세를 받습니다.

섬기는 왕으로서 부르심의 영역을 통치하면 어떤 일이 벌어질까요?

상을 주십니다. 주님은 누가복음 19:11-27에서 이에 대해 언급해 놓으셨습니다. 한 귀인이 왕위를 받아 가지고 오려고 떠나려고 합니다. 떠나기 전 종 열 명을 불러, 은화 한 므나씩 나누어 주었습니다. 그리고 명령했습니다. "이 은화를 가지고 장사를 해라." 시간이 흘러 귀인이 왕위를 받아 가지고 돌아와서 종들을 불렀습니다. 한 종은 1므나로 10므나를 남겼습니다. "열 고을을 차지하라." 다른 종은 1므나로 5므나를 남겼습니다. "다섯 고을을 차지하라." 한 종은 1므나를 싸 두고 장사하지 않았습니다. 그러자 그에게서 1므나를 빼앗아버렸습니다. 나머지 7명은 어찌 되었을까요? 각자 장사하여 남긴 만큼 고을을 차지하게 되었을 것입니다.

[에필로그]

'유한양행' 회사가 있습니다. IMF 때 위기를 맞았으나, 극복했습니다. 직원을 감원하지 않기 위해 3교대 근무를 자원하였습니다. 회사에 자금을 공급하기 위해 집의 전세를 월세로 바꾸었습니다. 한마음으로 회사를 살렸습니다. 어떻게 이런 일이 가능했을까요? 창업자 유일한 박사(1895-1971) 때문입니다. 그는 대한제국과 일제강점기, 대한민국, 세 시대를 산 기업인입니다. 대한제국 시기 유년기에 미국으로 유학을 갔습니다. 미시간 대학교에서 공부하고 식품사업가가 되었습니다. 귀국 후 제약업을 선택하고 1926년 서울에서 유한양행을 설립하여 조선 각처에 의약품과 생활용품을 공급했습니다. 종업원지주제를 시행하고,

직원 후생복지시설을 세웠습니다. 광복 후에도 윤리 경영과 모범 납세, 국익 우선, 정경유착 사절을 원칙으로 삼고 기업을 운영했습니다. 말년에 회사 경영권을 가족이 아닌 다른 사람에게 일임하고, 세상을 떠나면서 전 재산을 사회와 교육에 기증했습니다.

IV. 마태복음 26:1-16 "베다니 마리아는 어떻게 십자가의 비밀에 접근했을까?"

체인 스타일: 긍정 결과, 이유, 방법

[프롤로그]

예수 그리스도가 십자가에 못 박히시기 전, 십자가의 비밀을 미리 알았던 사람이 있었을까요? 아무도 몰랐을 것 같습니다. 십자가는 하나님 아버지와 예수님, 성령님만 알고 있는 하나님의 경륜에 속한 일이기 때문입니다. 그래도 가장 유력한 후보가 있다면 누구일까요? 저는 베다니 마리아라고 생각합니다. 오라버니 나사로와 언니 마르다와 함께 베다니에서 살았던 마리아는 아마도 십자가 사건 직전에 십자가의 계시에 접근했을 가능성이 있습니다. 왜 그럴까요?

[1] 긍정 결과: 베다니 마리아는 옥합을 깨뜨리고 예수의 머리에 향유를 부었습니다.

예수님은 몇 번 십자가를 예고하셨습니다. "이틀이 지나면 유월절이라 인자가 십자가에 못 박히기 위하여 팔리리라"(마 26:2). 종려주일의 열정이 꺼져가고 있습니다. 예수님은 유대교 전통을 공격하고, 유대 종교 지도자들은 예수 제거 프로젝트에 들어갔습니다. 제자들은 불안과 피로에 지쳐갔습니다. 예수님이 거사를 일으킬 것 같지 않습니다.

베다니 나병환자 시몬의 집에서 잔치가 벌어졌습니다. 나사로와 마르다와 마리아도 참여했습니다. "거기서 예수를 위하여 잔치할새 마르다는 일을 하고 나사로는 예수와 함께 앉은 자 중에 있더라"(요 12:2). 나사로는 예수님 바로 옆에 앉아 있고, 마르다는 여전히 봉사의 일을 합니다. 그런데 마리아가 옥합을 깨뜨려 향유를 예수님의 머리에 붓습니다. "한 여자가 매우 귀한 향유 한 옥합을 가지고 나아와서 식사하시는 예수의 머리에 부으니"(마 26:6-7).

[2] 이유: 왜 향유를 부었습니까? 오라버니 나사로의 표적을 보고 예수님이 하나님의 아들이라고 믿은 것 같습니다.

베다니 마리아는 왜 향유를 예수님 머리에 부었을까요? 예수님이 죽은 오라버니를 다시 살리신 것을 보고, 예수님이 하나님의 아들이요 하나님이 보내신 메시아라는 것을 믿게 된 것 같습니다.

예수님은 나사로가 장례된 지 나흘이 지나 베다니에 도착했습니다. 예수님은 비통해하시며 굴 무덤에 갔습니다. "돌을 옮겨 놓으라"(요 11:39). 마르다가 말렸습니다. 돌이 옮겨지고 예수님은 기도하신 후 큰 소리로 부르셨습니다. "나사로야 나와라"(요 11:43). 죽은 나사로가 수의를 입은 채로 일어나 걸어 나옵니다. 이 일을 본 많은 유대인이 예수를 믿었습니다.

마리아는 예수님이 하나님의 아들이라는 것을 믿고, 300데나리온 값어치의 나드 향유를 예수님의 머리에 부은 것 같습니다. 제자들이 화를 냈습니다. "이것을 비싼 값에 팔아 가난한 자들에게 줄 수 있었겠도 다"(마 26:9). 예수님은 말씀하셨습니다. "너희가 어찌하여 이 여자를 괴롭게 하느냐. 그가 내게 좋은 일을 하였다. 가난한 자들은 항상 너희와 함께 있지만 나는 항상 함께 있지는 못한다. 이 여자가 내 장례를 위해 내 몸에 향유를 부었다"(마 26:10-12).

[3] 방법: 베다니 마리아는 어떻게 예수가 하나님의 아들이고 하나님의 메시아라는 것을 믿게 되었을까요? 예수님 말씀을 집중해서 듣는 습관이 있었기 때문입니다.

베다니 마리아는 예수님의 발치에 앉아 예수님의 말씀을 듣는 데 익숙했습니다. "그에게 마리아라 하는 동생이 있어 주의 발치에 앉아 그의 말씀을 듣더니"(눅 10:39). 마르다가 일을 하느라 분주할 때, 마리아는 주님의 발치에 앉아 말씀을 듣는 일에 분주했습니다. 주님의 말씀을 듣느라 언니 돕는 일도 잊었습니다.

하나님은 말씀하시는 하나님이십니다. "옛적에 선지자들을 통하여 여러 부분과 여러 모양으로 우리 조상들에게 말씀하신 하나님이 이 모든 날 마지막에는 아들을 통하여 우리에게 말씀하셨으니 이 아들을 만유의 상속자로 세우시고 또 그로 말미암아 모든 세계를 지으셨느니라"(히 1:1-2). 하나님은 아들을 통해 말씀하셨습니다. 마리아는 예수님의 말씀을 깊이 듣고, 그 말씀을 묵상했을 것입니다.

예수님이 십자가를 지고 죽으실 것을 미리 알았는지 확실하지 않지만, 마리아는 예수님을 향한 깊은 신앙과 헌신으로 그분의 장례를 준비하는 줄도 모르고 준비했습니다. "이 여자가 내 몸에 이 향유를 부은 것은 내 장례를 위하여 함이니라"(마 26:12). 마리아는 이 말씀을 듣고 다 이해하지 못했지만, 평생 그 말씀을 묵상함 살았을 것입니다.

[4] 반응: 말씀을 경청하는 삶을 삽시다.

성경을 보면 하나님은 온갖 수단을 사용하여 인간에게 말씀하십니다. 문제는 우리가 하나님의 말씀을 들을 수 있느냐 하는 것입니다. 성경 안에서 성경을 통해, 교회 공동체 안에서 교회를 통해, 성령이 내 영의 양심에 하시는 말씀을 들읍시다. 예수님이 누구신지, 예수님이 우리를 위해 무슨 일을 이루셨는지 알아갑시다. 하나님 나라를 어떻게 경영하시는지 듣고, 하나님 나라 안에서 사는 법을 익혀 봅시다.

[에필로그]

한 성도가 천사들과 함께 천상에 올라가 자기가 기도한 책을 보았습니다. 이미 응답받은 것, 앞으로 응답받을 것이 기록된 것을 보았습니다. 그런데 어떤 창고에 가서 검은 비닐 포장에 싸인 쓰레기 더미를 보았습니다. 하나님이 받으실 수 없어 창고에 보관해 둔 기도라는 말을 들었습니다. 세상적이고 정욕적인 기도는 하지 않는 게 더 낫습니다. 구하는 기도도 중요하지만 듣는 기도가 더 중요합니다.

V. 마태복음 23:1-12 "왜 랍비라 칭함을 받지 말라 하셨을까?"

Step by Step 스타일: 주의, 문제, 만족, 확증, 예화, 행동

[프롤로그]

로마 제국 시대에는 왕과 소수의 귀족만이 풍족하게 살았고, 일부는 그럭저럭 살았으며, 나머지 65%는 굶주림에 시달리며 살았습니다. 돈을 벌 수 있는 사회가 아니었습니다. 그러다보니 구할 수 있는 것이 사회적 지위와 명예 같은 것밖에 없었습니다.

바리새인과 서기관도 사회적 지위와 명예를 추구하는 자들이었습니다. 바리새인은 본래 '분리된 자', '거룩한 자'라는 의미입니다. 그들은 율법을 철저히 지키며 불결하고 부정한 것들로부터 분리되는 운동을 펼쳤습니다. 주전 2세기 중반부터 출현해 예수님 당시에는 약 6,000명이나 되었습니다. 당시 로마 제국의 인구가 약 6천만, 유대인이 600만, 팔레스타인에 약 60만이 살았다고 하니, 팔레스타인 인구의 1%에 해당하는 세력이었습니다. 서기관은 레위인 출신으로, 왕정 시대 전후로 문헌을 다루던 학자들이었습니다. 주전 586년 예루살렘 성전이 무너진 후, 율법을 수집하고 연구하고 해석하며 적용하는 율법 교사 랍비로 발전했습니다. 서기관은 소수였으며, 바리새파에 속했을 것으로 추정됩니다.

[1] 주의: 사람들은 지도자의 자리를 차지하려 합니다.

사람들은 높은 자리를 원합니다. 더 높은 자리와 더 좋은 자리를 차지하려고 노력합니다. 일부러 낮은 자리를 원하는 사람은 보지 못했습니다. 왜 우리는 큰 자리를 원할까요? 지위가 높아지면 큰 몫을 차지할 수 있기 때문입니다. 예수님 당시 로마 제국은 상위 2%의 귀족 엘리트가 지배하는 수직적 위계질서 사회였습니다. 높은 지위에 있는 자들이 아래 사람들을 착취하고 지배했습니다.

서기관과 바리새인들은 모세의 자리를 차지했습니다. "서기관들과 바리새인들이 모세의 자리에 앉았으니"(마 23:2). 그들은 모세의 율법을 다루는 지위, 랍비의 지위를 차지했습니다.

[2] 문제: 지도자의 자리를 차지하는 이유는 명예를 얻기 위함입니다.

서기관과 바리새인은 왜 랍비의 자리를 차지했을까요? 명예를 얻기 위함입니다. 그들은 사람들이 칭찬해 주는 인정과 공치사가 필요했습니다. 예수님은 이들을 신랄하게 비판하십니다. 그들이 하나님의 율법에 대해 말만 하고 실천은 하지 않으며, 사람들에게 보여주는 연출의 삶을 산다고 비판하셨습니다. "그들의 모든 행위를 사람에게 보이고자 하나니 곧 그 경문 띠를 넓게 하며 옷술을 길게 하고 잔치의 윗자리와 회당의 높은 자리와 시장에서 문안 받는 것과 사람에게 랍비라 칭함을 받는 것을 좋아하느니라"(마 23:5-7).

[3] 만족: 하나님의 나라는 예수 그리스도 안에서 서로 섬기는 삶을 사는 나라입니다.

예수님은 제자들에게 가르치셨습니다. "너희는 랍비라 칭함을 받지 말라"(23:8), "지도자라 칭함을 받지 말라"(23:10) 하셨습니다. 왜요? 하나님 나라는 다른 나라이기 때문입니다. "너희 중에 큰 자는 너희를 섬기는 자가 되어야 하리라 누구든지 자기를 높이는 자는 낮아지고 누구든지 자기를 낮추는 자는 높아지리라"(23:11-12). 하나님의 나라는 큰 자가 작은 자를 섬기고, 작은 자도 큰 자를 섬기는 나라라는 것입니다.

[4] 확증: 예수 그리스도는 성도들이 서로 섬기는 나라를 만들기 위해 자신의 생명을 내놓으셨습니다.

예수님은 말로만 섬기지 않으셨습니다. 서로 낮추며 섬기는 나라를 만들기 위해 자신의 목숨을 내놓으셨습니다. 예수님이 갈릴리 사역을 마치고 예루살렘으로 떠날 때입니다. 세베대의 아내가 두 아들 요한과 야고보를 데리고 주님께 와서 간청했습니다. "나의 이 두 아들을 주의 나라에서 하나는 주의 우편에, 하나는 주의 좌편에 앉게 명하소서"(마 20:21). 열 제자들이 요한과 야고보에 대해 분노를 터뜨렸습니다. 그러자 주님은 이렇게 말씀하셨습니다. "이방인의 집권자들이 그들을 임의로 주관하고 그 고관들이 그들에게 권세를 부리는 줄을 너희가 알거니와 너희 중에는 그렇지 않아야 하나니 너희 중에 누구든지 크고자 하는 자는 너희를 섬기는 자가 되고 너희 중에 누구든지 으뜸이 되고자 하는 자는 너희의 종이 되어야 하리라"(20:25-27). 그리고 한 말씀 더 하셨습니다. "인자가 온 것은 섬김을 받으려 함이 아니라 도리어 섬기려 하고 자기 목숨을 많은 사람의 대속물로 주려 함이니라"(20:28). 대속물(속전)은 전쟁에서 사로잡힌 포로를 구출하기 위한 몸값입니다. 주님은 사람들을 높아지고자 하는 욕망의 감옥에서 해방시키기 위해 자신의 목숨을 내놓으셨습니다. 남을 지배하려는 욕구에서 해방된 자들의 나라를 만들기 위해 자신의 목숨을 대속물로 주셨습니다.

[5] 예화: 예수 그리스도 안에서 사도 바울과 디모데는 서로를 섬겼습니다.

바울과 디모데는 그리스도 안에서 서로를 섬겼습니다. 바울은 디모데가 하나님의 사역자로 성장하는 과정에서 디모데를 섬겼습니다. 디모데는 소아시아 루스드라 출신으로, 부친은 헬라인, 모친은 유대인이었습니다. 2차 선교여행 때 루스드라에서 바울이 디모데를 복음 사역자로 픽업했습니다. 디모데는 바울의 선교 여행에 동행하며 복음 사역을 배웠습니다. 신체적으로 허약하고 성격도 다소 소심했지만, 바울의 지도 아래 아덴, 데살로니가, 고린도, 에베소 등지에서 독립 사역을 할 수 있을 만큼 성장했습니다.

디모데는 바울을 섬겼습니다. 바울의 지시를 잘 이행했습니다. 바울은 마지막 로마 감옥에서 디모데에게 사사로운 부탁을 했습니다. "너는 어서 속히 내게로 오라"(딤후 4:9), "너는 겨울 전에 어서 오라"(4:21),

"네가 올 때에 내가 드로아 가보의 집에 둔 겉옷을 가지고 오고 또 책은 특별히 가죽 종이에 쓴 것을 가져 오라"(4:13). 아주 가까운 사이에서나 할 수 있는 부탁입니다. 전승에 따르면, 바울이 67년경 순교한 후, 디모데는 에베소 감독으로 섬기다가 90년경 도미티아누스 황제 박해 때 64세의 나이로 순교했다고 합니다. 스승의 순교 길을 제자도 갔습니다. 처음에는 바울이 디모데를 선택하여 사역자로 세웠지만, 나중에는 디모데가 감옥에 갇힌 바울을 섬겼습니다.

[6] 행동: 예수 그리스도의 십자가를 기억하고 예수 그리스도와 함께 부활하여 성도와 이웃을 섬기는 삶을 삽시다.

하나님은 신들 중에서 유일하게 피조물을 섬긴 신이십니다. 하나님은 하나님을 거역하는 악인들도 섬기셨습니다. "하나님이 그 해를 악인과 선인에게 비추시며 비를 의로운 자와 불의한 자에게 내려주심이라"(마 5:45). 예수 그리스도도 악한 인류를 십자가로 섬기셨습니다. 자기 목숨을 대속물로 주고 감옥의 포로에서 해방시키셨습니다. 보통 신들은 숭배자들로부터 섬김을 받습니다. 우상 숭배자들은 자신이 섬기는 신들의 비위를 맞추느라 고생합니다. 그러나 하나님은 피조물을 섬기는 하나님이십니다.

이런 하나님을 믿는 성도들은 피차 복종하는 삶에 익숙합니다. 바울이 남편과 아내 관계에 대해 이렇게 썼습니다. "그리스도를 경외함으로 피차 복종하라"(엡 5:21). '피차 복종'이라는 말씀보다 기독교 윤리를 잘

요약한 말씀은 없어 보입니다. 부모가 자녀를 섬기고 자녀가 부모를 섬기는 가정은 가끔 봅니다. 그러나 교수가 학생을 섬기고 학생이 교수를 섬기는 대학은 보지 못했습니다. 사장이 직원을 섬기고 직원이 사장을 섬기는 회사도 보지 못했습니다. 정치인과 시민이 서로 섬기는 나라도 보지 못했습니다. 하나님 나라는 부모와 자녀, 교사와 학생, 사장과 직원, 정치인과 시민이 서로 피차 복종하며 섬기는 나라입니다. 주님은 이런 나라를 만들기 위해 십자가에서 자기 목숨을 내놓으셨습니다.

[에필로그]

한 목사님이 이런 간증을 하셨습니다. 어느 날 아들이 와서 "아빠, 나 요리학과 갈래."라고 말했습니다. 목사님은 생각없이 "왜 남의 음식을 해 주며 먹고 살려 하냐? 남이 해 주는 음식을 먹고 살아야지."라고 하셨습니다. 그런데 그 말을 한 후 바로 후회하셨다고 합니다. 옛사람의 그림자가 느껴져서 슬퍼지셨다 했습니다.

VI. 마태복음 22:15-22 "하나님의 나라는 가이사의 나라와 어떻게 다른가?"

내러티브 스타일: 이야기 설교

[프롤로그]

나라마다 사람들의 마음을 지배하는 이야기가 있습니다. 미국인에게 '스타워즈'가 있고 중국인에게 '삼국지'가 있다면, 한국인에게는 어떤 이야기가 있을까요? 심청전? 춘향전? 저는 이순신 장군 이야기라고 생각합니다. 임진왜란 당시 이순신 장군은 23전 23승이라는 놀라운 전적을 세우며 전쟁의 영웅으로 남았습니다. 그의 고난과 불굴의 정신과 전략적 천재성은 일본 연구가들에게도 감동을 주고 있습니다.

[1] 문제 제기/ 평형을 깨뜨려라: 가이사의 나라와 유대 나라와 예수 그리스도의 하나님 나라가 충돌하는 삼파전 전쟁이 벌어졌습니다.

예수님 당시 세 나라가 충돌했습니다. 로마 제국, 유대 나라, 그리고 예수 그리스도가 선포한 하나님 나라가 부딪쳤습니다. 로마 제국은 지중해 세계를 지배하며, 각 지역에 총독을 파견해 다스렸습니다. 지역의 자치권을 인정하고 협조를 요구하며 로마의 식민 도시를 건설했습니다. 유대 백성은 로마 제국과 헤롯 왕조와 유대 귀족 계층에게 시달리며 살았습니다. 예수 그리스도는 이들에게 하나님 나라를 전했습니다.

유대의 지배 계층에는 바리새인, 헤롯당원, 사두개인, 그리고 율법사가 있었습니다. 바리새인은 율법을 엄격히 지키는 운동의 지도자들이며, 헤롯당원은 헤롯 왕가에 충성하는 관원들이고, 사두개인은 예루살렘 성전의 제사장 계층입니다. 율법사는 레위인 출신으로 문헌 기록을 다루다가 율법 해석가가 된 서기관들입니다.

[2] 원인 분석/ 모순을 드러내라: 세 나라 사이의 삼파전의 배후에는 세금 문제가 있었습니다.

바리새인과 헤롯당원이 연합해 예수님께 세금 문제로 논쟁을 걸었습니다. "가이사에게 세금을 바치는 것이 옳으니이까 옳지 아니하니이까 하니"(마 22:17). 세금을 내라는 요청은 로마 제국의 통치를 인정하는 것이므로 유대인들로부터 반감을 사게 되고, 반대로 세금을 내지 말라는 요구는 로마 제국으로부터 보복을 초래할 것입니다. 예수 그리스도가 덫에 걸린 것일까요?

[3] 해결책/ 해결의 실마리를 제시하라: 예수 그리스도는 은혜의 나라를 세우셨습니다.

예수님은 로마 제국의 통치를 인정하셨습니다. 마태복음 22:19-21에서 예수님은 데나리온 화폐의 형상과 글의 주체를 물었습니다. "이 형상과 이 글이 누구의 것이냐." 그리고 대답하셨습니다. "그런즉 가이사의 것은 가이사에게, 하나님의 것은 하나님께 바치라." 가이사의 나라는 군대와 세금으로 다스리는 나라라는 것입니다.

하나님의 나라는 군대와 세금이 아닌 은혜로 다스리는 나라입니다. 하나님의 백성은 자발적으로 하나님의 뜻을 따르며, 하나님의 뜻에 헌신합니다. 예수님은 하나님 나라가 세상 나라와 전혀 다르다 하셨습니다. "내 나라는 이 세상에 속한 것이 아니니라 만일 내 나라가 이 세상에 속한 것이었더라면 내 종들이 싸워 나로 유대인들에게 넘겨지지 않게 하였으리라 이제 내 나라는 여기에 속한 것이 아니니라"(요 18:36).

하나님 나라는 하나님의 통치, 하나님의 다스리심입니다. 하나님이 다스리시는 장소와 영역을 상상해 봅니다. 하나님의 능력이 임하는 통치 행위와 통치 상태입니다. "여호와께서 다스리시니 만민이 떨 것이요"(시 99:1), "여호와를 경외함으로 섬기고 떨며 즐거워할지어다"(시 2:11).

[4] 확신/ 복음을 경험하게 하라: 예수 그리스도의 십자가를 믿고 하나님 나라 안으로 들어가면 하나님의 통치를 받을 수 있습니다.

하나님의 나라에 들어가려면 두 가지가 필요합니다. 첫째는 죄 사함의 은혜를 받아야 합니다. 예수 그리스도가 십자가에서 내 죄를 위해 죽으신 것을 믿으면 죄 사함의 은혜를 입습니다. "이것은 죄 사함을 얻게 하려고 많은 사람을 위하여 흘리는 바 나의 피 곧 언약의 피니라"(마 26:28). 둘째는 옛 자아가 십자가에서 못 박히는 경험을 해야 합니다. 성령의 임재와 인도로 자아의 고집이 꺾여야 하나님의 통치에 순복할 수 있습니다.

[5] 소망/ 결과를 기대하게 하라: 하나님 나라 안으로 들어가 성령의 임재를 받으면 하나님의 율법을 지키고 축복받고 헌신하는 청지기의 복을 누리게 됩니다.

죄를 용서받고, 자아를 부정하면, 성령의 임재가 점점 더 강해집니다. 성령의 임재가 강해질수록, 하나님의 율법을 지키며 축복을 받습니다. 축복을 받으면 더 헌신합니다. 청지기의 축복입니다.

하나님 나라 안으로 들어와서도 죄를 피하기 힘듭니다. 마귀는 중생한 영은 건드리지 못하지만, 옛사람의 구습에는 역사할 수 있습니다. 마귀는 옛사람의 경험과 상처와 죄악을 이용하여 다시 죄짓게 합니다. 영적 전쟁이 벌어집니다. 내 마음 안에서 성령의 임재와 악령의 영향력이 싸웁니다. 영향력 싸움입니다. 자아를 부정하고 마음을 정화하는 회개 기도를 계속해야 합니다. 영적 전쟁에서 마귀를 대적해야 합니다. 회개 기도와 대적 기도만이 살 길입니다. 성령이 이기게 해 주십시오. 순종하면 이기게 해 주십시오. 성령 안에서 율법의 축복을 받고, 자발적으로 헌신하는 청지기의 삶을 삽시다.

[에필로그]

패권 국가인 미국과 준패권 국가인 중국, 러시아가 대치하고 있습니다. 그 아래 남북한이 대치하고 있습니다. 남북한 교회는 각각의 환경에서 영적 전투를 수행하고 있습니다. 북한 교회는 지하에서, 남한 교회는 세속주의 세력과 힘든 싸움을 싸우고 있습니다. 하나님 나라만이 답입니다. 이 세상 어느 체제도 완전하지 않습니다. 하나님의 나라에 조금 더 가까운 체제를 바라며 삽시다. 하나님이 한반도에서 어떤 역사를 이루실지, 어떻게 한국 교회를 통해 세계 선교를 이루실지 기대하며, 하나님 나라 역사에 동참할 수 있기를 기도합니다.

VII. 마태복음 19:13-30 "부자 청년은 왜 천국에 들어가지 못했을까?"

내러티브 스타일: 이야기 설교

[프롤로그]

전망 좋은 지역에 아파트 신축 계획이 발표되었습니다. 청약에 당첨된 사람은 기뻐하고 실패한 사람은 아쉬워합니다. 당첨되면 좋은 일입니다. 그러나 당첨되지 않아도 큰 문제는 없습니다. 옛날 집에서 살면 됩니다. 그러나 천국은 사정이 다릅니다. 천국에 가지 못하면 지옥이 열립니다. 지옥은 절대 가지 말아야 할 곳입니다. 천국 문제는 영원한 운명이 걸려 있는 문제입니다.

[1] 문제 제기/ 평형을 깨뜨려라: 천국에 가고 싶지만 가지 못하는 이들이 많습니다.

한 부자 청년이 예수님께 와서 질문했습니다. "선생님, 제가 무슨 선한 일을 해야 영생을 얻을 수 있겠습니까?" 계명을 지키라 하셨습니다 (19:17). "어떤 계명입니까?" 묻자, 5계명부터 9계명까지 언급하며 "네 이웃을 네 자신과 같이 사랑하라"는 레위기 말씀을 추가하셨습니다 (19:18). 청년은 이 모든 것을 지켰다고 했습니다. "아직도 부족한 것이 있겠습니까?"(19:20). 자기는 계명은 온전히 지켰다는 얘기입니다. 그러자 주님이 말씀하셨습니다. "네가 온전해지고자 한다면 네 소유를 팔아 가난한 자들에게 주라. 그러면 하늘에서 보화가 네게 있을 것이다. 그리고 와서 나를 따르라"(19:21-22). 그러자 청년은 슬픈 기색을 하고 떠났습니다.

[2] 원인 분석/ 모순을 드러내라: 천국에 가지 못하는 원인은 자신의 힘으로 천국에 가려 하기 때문입니다.

이 청년이 천국에 들어가지 못한 이유는 무엇일까요? 자신의 힘으로 계명을 지키고 천국에 갈 수 있다고 생각한 게 문제였다고 봅니다. 그는 계명을 돈의 힘으로 지킨 것 같기도 합니다. 그래서 소유를 팔아 가난한 자에게 주어야 온전해진다는 말씀을 받아들일 수 없었던 것 같습니다.

예수님이 이렇게 말씀하셨습니다. "진실로 너희에게 이르노니 부자가 천국에 들어가기가 어렵다. 차라리 낙타가 바늘귀로 들어가는 것이 부자가 하나님의 나라에 들어가는 것보다 쉽다."(19:23-24). 부자는 계명도 돈으로 지킬 수 있고, 천국도 돈으로 갈 수 있다고 믿기 쉽습니다.

[3] 해결책/ 해결의 실마리를 제시하라: 하늘 아버지는 예수 그리스도가 이 땅에 세우신 천국으로 자녀들을 초대하십니다.

천국에 어떻게 갈 수 있을까요? 천국은 인간이 갈 수 있는 나라가 아닙니다. 인간이 만든 미국도 미국 정부의 허락이 없으면 들어갈 수 없습니다. 하물며 하나님이 만든 나라를 우리가 어떻게 들어가겠습니까? 하나님이 입국을 허락해 주어야 들어갈 수 있습니다.

예수님은 이 땅에 하나님의 나라가 가까이 왔다고 선포하셨습니다. 병을 고치고 귀신을 쫓으며 천국을 선포하셨습니다. 겨울의 끝자락에서 봄이 가까이 와 있다고 선포하셨습니다.

우리 힘으로는 천국에 갈 수 없습니다. 초대받아야 갈 수 있습니다. 첫 초대를 받은 사람은 베드로입니다. 베드로가 예수를 하나님의 아들, 메시아로 고백했습니다. 예수님은 하늘에 계신 아버지 하나님이 알게 해 주셨다고 하셨습니다. "바요나 시몬아, 네가 복이 있다. 이를 네게 알게 한 이는 혈육이 아니요 하늘에 계신 내 아버지시니라"(마 16:17). 예수를 그리스도로 믿는 것은 인간이 할 수 있는 일이 아닙니다. 하늘 아버지가 믿게 해 주셔야 믿을 수 있습니다. 초대받은 자는 믿음을 선물 받은 자입니다.

[4] 확신/ 복음을 경험하게 하라: 하나님의 천국 초대에 응하기만 하면 천국에 들어갈 수 있습니다.

부자 청년만 천국에 들어가지 못한 것이 아닙니다. 제자들도 문제입니다. 베드로는 "보소서, 우리가 모든 것을 버리고 주를 따랐사오니, 그렇다면 우리가 무엇을 얻으리이까?"라고 묻습니다(19:27). 그는 여전히 자신의 힘으로 무엇인가를 얻을 자격이 있다고 전제하고 있습니다.

주님은 이렇게 예언하셨습니다. "진실로 너희에게 이르노니, 세상이 새롭게 되어 인자가 자기 영광의 보좌에 앉을 때, 나를 따르는 너희도 열두 보좌에 앉아 이스라엘 열두 지파를 심판하리라. 또 내 이름을 위하여 집이나 형제나 자매나 부모나 자식이나 전토를 버린 자마다 여러 배를 받고 영생을 상속하리라"고 하셨습니다(19:28-29). 한마디 더 하셨습니다. "먼저 된 자로서 나중 되고 나중 된 자로서 먼저 될 자가 많으니라"(19:30). 제자들이 아직은 유동적이라는 것입니다.

부자 청년은 재물을 버리지 못했습니다. 제자들은 아직 불확실합니다. 부자 청년은 자기는 안 되겠다고 하고 예수를 떠났습니다. 제자들은 모든 것을 버리고 예수를 따르고 있는 듯이 보이지만, 아직 십자가를 이해하지 못하고 있습니다.

예수님은 청년과 제자들 대신 어린 아이를 천국 백성의 모델로 세우셨습니다. "어린 아이들을 용납하고 내게 오는 것을 금하지 말라. 천국이 이런 사람의 것이니라"(19:14). 왜 어린 아이들이어야 할까요? 어린 아이들은 하나님의 초대에 그냥 '예' 하고 들어오기 때문일 것입니다. 가진 것도 없고 버릴 것도 없는 아이들입니다. 그래서 초대받으면 좋아서 그냥 들어옵니다.

[5] 소망/ 결과를 기대하게 하라: 종말 때 세상이 새롭게 될 때, 이 땅에서 통치받은 만큼 세상을 통치하게 됩니다.

이 땅에서 천국에 들어가면 어떻게 될까요? 하나님의 통치를 받습니다. 하나님의 영광을 경험하고, 하나님의 임재를 느끼며, 하나님과 대화하고 말씀을 듣습니다. 말씀에 순종하고 축복을 받습니다. 하나님의 용서를 경험하여 용서할 수 있습니다. 백 데나리온 정도는 항상 탕감해 줄 수 있습니다(마 18:23-34). 주변에서 천국 잔치가 벌어집니다.

그러나 이것만이 아닙니다. 하나님이 만물을 회복하실 때가 옵니다. 사도행전 3:19-21에 "회개하고 돌이켜 너희 죄 없이 함을 받으라. 이같이 하면 새롭게 되는 날이 주 앞으로부터 이를 것이요. 또 주께서 너희를 위해 예정하신 그리스도, 예수를 보내시리니, 하나님이 영원 전부터 거룩한 선지자들의 입을 통해 말씀하신 바 만물을 회복하실 때까지는 하늘이 마땅히 그를 받아 두리라" 하셨습니다(행 3:19-21). 그리스도 예수를 다시 보내셔서 만물을 회복하실 때가 옵니다. 종말의 심판과 축복이 옵니다. "세상이 새롭게 되어 인자가 자기 영광의 보좌에 앉을 때에, 나를 따르는 너희도 열두 보좌에 앉아 이스라엘 열두 지파를 심판하리라"(마 19:28).

[에필로그]

센터의 헌금 잔고를 비웠습니다. 처음에는 걱정이 있었으나 '요셉의 창고'라는 말씀이 떠올랐습니다. 받은 것을 나누는 삶에 대한 기쁨으로 홀가분해졌습니다. 하나님의 통치를 받았다는 확신이 들었습니다. 재정 문제만이 아닙니다. 우리는 청지기 삶을 얼마나 잘 살 수 있을까요? 받은 것이 무엇인지, 무엇이 남아 있는지 고민하게 됩니다. 받은 것을 천국으로 돌릴 수 있는 방법을 질문합니다. 오늘의 천국을 살고 종말의 천국을 상상합니다.

VIII. 마태복음 13:24-30, 13:36-43
"말세 시대를 어떻게 살아야 하나?"

내러티브 스타일: 이야기 설교

[프롤로그]

어거스틴의 『하나님의 도성』을 다시 읽고 있습니다. 410년, 고트족이 로마를 약탈하며 제국이 무너졌습니다. 어거스틴은 이러한 붕괴 속에서 413년부터 426년까지 13년간 하나님의 도성에 대해 묵상하며 이 책을 집필했습니다.

미디어를 보는 것이 두렵습니다. 아무리 포스트모던 시대라지만 미디어가 동성애, 마약, 자극적인 음악을 여과 없이 방영하고 있습니다. 고대 바알 제의가 재현된 듯하고, 아스다롯(삿 2:13, 왕상 11:5)과 몰록(왕상 11:7) 같은 고대의 영들이 귀환한 듯합니다. 누군가가 교묘히 미디어를 통해 악한 영향을 퍼뜨리고 있는 것 같습니다. 누가 이런 일을 하고 있을까요?

마태복음 13:24-28입니다. "예수께서 그들 앞에 또 비유를 들어 이르시되 천국은 좋은 씨를 제 밭에 뿌린 사람과 같으니 사람들이 잘 때에 그 원수가 와서 곡식 가운데 가라지를 덧뿌리고 갔더니 싹이 나고 결실할 때에 가라지도 보이거늘 집 주인의 종들이 와서 말하되 주여 밭에 좋은 씨를 뿌리지 아니하였나이까 그런데 가라지가 어디서 생겼나이까 주인이 이르되 원수가 이렇게 하였구나"(마 13:24-28).

예수는 마태복음 13:38-43에서 이 알레고리 비유의 구성 요소를 설명하셨습니다. 좋은 씨를 뿌리는 이는 인자(예수)이며, 밭은 세상입니다. 좋은 씨는 천국의 아들들, 가라지는 악한 자의 아들들입니다. 가라지를 뿌린 원수는 마귀이고, 추수 때는 세상 끝, 추수꾼은 천사들입니다. 하나님이 세상에 천국의 자녀를 세웠고, 마귀는 마귀 나라의 자녀를 키우고 있음을 의미합니다. 세상 끝에 천사들이 마귀 나라를 심판하고, 하나님 나라의 자녀들만 남게 될 것입니다.

[1] 문제 제기/ 평형을 깨뜨려라: 세상에서 악한 자들이 마귀의 힘으로 번성하고 있습니다.

세상에서 하나님 나라가 확장되고 있지만, 악한 자들도 계속 번성하고 있습니다. 2,000년 동안 교회는 전 세계로 확장되었고, 인구의 1/3이 하나님과 예수 그리스도를 믿고 있습니다. 예수 그리스도는 좋은 씨를 뿌려 결실을 맺으셨습니다(마 13:24).

그럼에도 불구하고 이기적인 권력층이 권력을 독점하고 있으며, 글로벌리스트 엘리트들이 세계 질서를 흔들고 전쟁을 일으키고 정치와 경제를 조작하고 있습니다. 이들은 숨어서 세계를 움직이는데, 어떻게 이렇게 성공할 수 있을까요? 오늘 말씀은 마귀가 이 일을 하고 있다고 합니다. "사람들이 잘 때에 그 원수가 와서 곡식 가운데 가라지를 덧뿌리고 갔더니 싹이 나고 결실할 때에 가라지도 보이거늘"(13:25-26).

[2] 원인 분석/ 모순을 드러내라: 악한 자들이 번성하는 이유는 주님이 천국의 아들들을 보호하기 위해 악한 자들을 허용하시기 때문입니다.

세상에서 악한 권세자들이 번창하는 이유는 마귀의 영향도 있지만, 하나님이 허용하시기 때문이기도 합니다. 우리는 하나님이 즉시 악한 자들을 제거해 주기를 바라지만, 주님은 종들이 가라지를 제거하려는 것을 허락하지 않으셨습니다. 종들이 가라지를 뽑으려 하였습니다. "종들이 말하되 그러면 우리가 가서 이것을 뽑기를 원하시나이까"(13:28). 주님은 아니라 하셨습니다. "주인이 이르되 가만 두라 가라지를 뽑다가 곡식까지 뽑을까 염려하노라 둘 다 추수 때까지 함께 자라게 두라." 주님은 자녀들을 보호하는 것을 더 중요하게 여기십니다.

[3] 해결책/ 해결의 실마리를 제시하라: 예수 그리스도는 세상 끝에 천국의 자녀와 마귀의 자녀를 분리하시고 악한 자들을 심판하십니다.

하나님은 오래 참으시지만 영원히 참지는 않으십니다. 창조주께서 심판하실 때가 옵니다. "추수 때에 내가 추수꾼들에게 말하기를 가라지는 먼저 거두어 불사르게 단으로 묶고 곡식은 모아 내 곳간에 넣으라 하리라" 말씀하십니다. 마지막 때에 천사들이 악한 자들을 분리시키고 심판할 것입니다. "천사들이 그 나라에서 모든 넘어지게 하는 것과 불법을 행하는 자들을 거두어 풀무 불에 던져 넣으리니"(13:41-42).

[4] 확신/ 복음을 경험하게 하라: 우리는 이미 예수 그리스도가 시작하신 천국 안으로 들어와 살고 있습니다.

종말의 때 악한 자들이 번창할 때 마음이 어둡습니다. 그러나 예수 그리스도가 이미 이 땅에 하나님 나라를 열어놓으셨습니다. 아무리 시대가 힘들어도, 우리는 예수 그리스도가 시작하신 천국의 통치를 받으며 살 수 있습니다. 2,000년 전, 예수 그리스도는 천국을 선포하고 귀신을 쫓고 병을 고치며 천국의 도래를 증명하셨습니다. 십자가에서 모든 것을 이루시고 부활로 그 성취를 확증하셨으며, 하늘로 승천하신 후 성령을 부어 교회를 만드셨습니다. 교회는 예수의 사역을 이어갔고, 예수의 이름으로 말씀을 가르치고 병을 고치며 천국을 확장했습니다.

천국은 인간이 만든 나라가 아니라 하나님이 만든 나라입니다. 인간은 주로 망치는 일을 했지만, 하나님은 인간을 하나님 나라로 초대하셨습니다. 천국에 들어온 자들은 그 복을 누리고 감사하는 마음으로 천국을 확장하는 대업에 뛰어듭니다. 그들은 행복한 삶을 삽니다. 창조주의 마음을 이해하고 그 의도에 따라 삽니다.

[5] 소망/ 결과를 기대하게 하라: 예수 그리스도가 종말에 악한 자들을 친히 심판하실 것을 믿읍시다. 배후의 마귀 세력을 대적하여 영적 전쟁에서 이깁시다.

천국을 대적하는 마귀 세력이 여전히 강합니다. 우리는 스스로 그들을 제거할 수 없습니다. 주님은 악한 자들을 제거하는 일을 직접 하시겠다고 하십니다. 마지막 때 천사들이 이 일을 맡을 것입니다. 우리는 그들과 싸워 이기는 삶을 살면 됩니다. "끝으로 너희가 주 안에서와 그 힘의 능력으로 강건하여지고 마귀의 간계를 능히 대적하기 위하여 하나님의 전신 갑주를 입으라 우리의 씨름은 혈과 육을 상대하는 것이 아니요 통치자들과 권세들과 이 어둠의 세상 주관자들과 하늘에 있는 악의 영들을 상대함이라"(엡 6:10-12). 대적하면 반드시 이기게 되어 있습니다. "그런즉 너희는 하나님께 복종할지어다 마귀를 대적하라 그리하면 너희를 피하리라"(약 4:7).

[에필로그]

1950년 스위스 신학자 오스카 쿨만은 『그리스도와 시간』이라는 책을 출판했습니다. 1944년 6월 6일 연합군이 노르망디 상륙 작전을 감행했습니다. 1945년 5월 9일 항복 문서가 조인되었습니다. 1944년 6월 6일은 D-Day였고, 1945년 5월 9일은 V-Day였습니다. 쿨만은 예수 그리스도의 죽음과 부활을 D-Day로 보고, 그리스도의 재림과 마지막 심판을 V-Day에 비유했습니다. 승리는 결정되어 있습니다. 초림과 재림 사이, 교회는 여전히 치러야 할 전쟁이 남아 있습니다. 그래도 승리는 예정되어 있습니다. 예정된 미래입니다.

IX. 마태복음 11:1-19 "세례 요한은 왜 예수를 의심하였을까?"

체인 스타일: 결과, 이유, 이유

[프롤로그]

선거 때마다 낭패를 경험합니다. 미디어에 또 당했다는 생각이 듭니다. 미디어가 보여주는 이미지와 정치인의 실체가 다릅니다. 일일이 정치인 뒷조사를 할 수도 없고, 미디어가 보여주는 이미지밖에 모르니 자꾸 당합니다.

세례 요한은 처음에 예수가 하나님의 아들이라고 증언했습니다. "성령이 내려서 누구 위에든지 머무는 것을 보거든 그가 곧 성령으로 세례를 베푸는 이인 줄 알라 하셨기에 내가 보고 그가 하나님의 아들이심을 증언하였노라 하니라"(요 1:33-34). 헤롯 안디바 왕이 동생을 죽이고 동생의 아내와 결혼했습니다. 헤롯 왕의 불의를 책망하다가 요한이 옥에 갇혔습니다. 그때쯤 예수는 하나님 나라 사역을 시작하셨습니다(마 4:12). 요한은 감옥에서 예수 그리스도가 하시는 일에 대해 들었습니다. 천국 복음을 전하고 병을 고친다는 이야기를 들었습니다. 세리와 죄인들과 어울린다는 말도 들었습니다. 답답해졌습니다. 메시아 같기도 하고 메시아 같지 않기도 합니다.

[1] 부정 결과: 세례 요한이 예수 그리스도의 사역을 이해하지 못하고 실족했습니다.

세례 요한이 제자들을 보냈습니다. "오실 그이가 당신이오니이까 우리가 다른 이를 기다리오리이까"(마 11:3). 많은 의미를 담고 있습니다. 기적을 행할 능력이 있다니, 헤롯 안디바의 악 정도는 해결해야 하는 것 아니냐? 로마 제국은 어떻게 할 것이냐? 이런 질문을 담고 있는 것 같습니다.

예수는 이렇게 대답하셨습니다. "너희가 가서 듣고 보는 것을 요한에게 알리되 맹인이 보며 못 걷는 사람이 걸으며 나병환자가 깨끗함을 받으며 못 듣는 자가 들으며 죽은 자가 살아나며 가난한 자에게 복음이 전파된다 하라"(마 11:4-5). 구약의 예언과 예수가 하는 일을 비교해 보고 판단하라 말씀하신 듯합니다. 내가 하는 일을 보고, 구약의 예언과 맞는지 판단하라는 뜻 같습니다. 6절이 마음에 걸립니다. "누구든지 나로 말미암아 실족하지 아니하는 자는 복이 있도다"(마 11:6). 세례 요한이 예수가 메시아임을 믿지 못하는 실족에 빠졌다는 뜻입니다.

[2] 이유: 세례 요한은 왜 실족했습니까? 구약의 사고 방식에서 벗어날 수 없었기 때문입니다.

세례 요한은 제사장 사가랴와 어머니 엘리사벳 사이에서 태어났습니다. 제사장 가문에서 태어나 일찍이 광야로 갔습니다. 낙타털 옷을 입고 허리에 가죽 띠를 띠고 메뚜기와 석청을 먹고 살았습니다(마 3:4). 금식을 많이 했습니다(마 11:8). 선지자의 삶의 전형입니다. 어느 날 빈 들에 있을 때 하나님의 말씀이 임했습니다. "주의 길을 준비하라 그가 오실 길을 곧게 하라"(마 3:3). 유대 광야에서 천국을 선포하기 시작했습니다. "회개하라 천국이 가까이 왔느니라"(마 3:2). 예루살렘과 온 유대와 요단 강 사방에서 사람들이 그에게 나아와 죄를 자복하고 요단 강에서 세례를 받았습니다.

세례 요한은 천국을 선포했습니다. 과거 이스라엘의 예언자들이 선포하던 메시지였습니다. 하나님의 심판을 선포했습니다. "그러므로 회개에 합당한 열매를 맺고 속으로 아브라함이 우리 조상이라고 생각하지 말라 내가 너희에게 이르노니 하나님이 능히 이 돌들로도 아브라함의 자손이 되게 하시리라 이미 도끼가 나무 뿌리에 놓였으니 좋은 열매를 맺지 아니하는 나무마다 찍혀 불에 던져지리라"(마 3:8-10).

[3] 또 이유: 세례 요한은 왜 구약의 사고 방식을 벗어나지 못했을까요? 예수 그리스도가 열어가는 천국이 너무 파격적이기 때문입니다.

예수 그리스도도 세례 요한과 동일하게 천국을 선포했습니다. "이 때부터 예수께서 비로소 전파하여 이르시되 회개하라 천국이 가까이 왔느니라 하시더라"(마 4:17). 그러나 예수 그리스도는 천국의 메시지를 눈에 보이는 표적과 함께 전파했습니다. 맹인을 보게 하고, 앉은뱅이를 일으켜 걷게 하고, 나병환자의 피부를 깨끗하게 하고, 귀머거리를 듣게 하고, 죽은 자를 살리셨습니다(마 11:5).

예수 그리스도는 세례 요한을 칭찬하셨습니다. "내가 진실로 너희에게 말하노니 여자가 낳은 자 중에 세례 요한보다 큰 이가 일어남이 없도다"(마 11:11). "모든 선지자와 율법이 예언한 것은 요한까지니 만일 너희가 즐겨 받을진대 오리라 한 엘리야가 곧 이 사람이니라"(마 11:13-14). 그러나 예수 그리스도는 세례 요한이 아무리 탁월한 선지자여도 구약의 선지자이지 새언약의 선지자는 아니라고 하셨습니다. "그러나 천국에서는 극히 작은 자라도 그보다 크니라"(마 11:11).

예수 그리스도는 세례 요한의 제자들에게 예수의 천국 메시지와 표적을 '새 부대'에 담긴 '새 포도주'라고 설명하셨습니다. 요한의 제자들이 예수께 질문했습니다. "우리와 바리새인들은 금식하는데 어찌하여 당신의 제자들은 금식하지 아니하나이까"(마 9:14). 예수는 이렇게 대답하셨습니다. "새 포도주를 낡은 가죽 부대에 넣지 아니하나니 그렇게 하면 부대가 터져 포도주도 쏟아지고 부대도 버리게 됨이라 새 포도주는 새 부대에 넣어야 둘이 다 보전되느니라"(마 9:17). 세례 요한과 바리새인의 금식은 '낡은 부대'에 담긴 '낡은 포도주'라고 하신 것입니다.

새 포도주는 어떤 포도주입니까? 발효되어 부글부글 끓어오르는 포도주입니다. 사람을 변화시키는 힘이 있습니다. 예수의 천국 복음은 천국 백성으로 변화시키는 힘이 있다는 뜻입니다. 세례 요한이 전한 천국 메시지는 죄를 자복하고 세례를 받게 하기는 했습니다. 그러나 사람의 속사람을 변화시키지 못했습니다. 율법만으로는 속사람을 변화시킬 수 없었습니다. 예수가 전한 천국 메시지는 천국의 표적과 함께 전해졌습니다. 속사람이 흔들리기 시작했습니다.

[4] 반응: 예수 그리스도가 가져온 천국의 새 포도주를 경험합시다.

예수 그리스도가 전하고 보여준 천국 메시지와 표적은 십자가와 부활과 승천과 성령 강림을 기다리고 있습니다. 성령이 예수 그리스도가 하신 일을 완성하셨습니다. 우리는 십자가와 부활과 승천과 성령 강림 이후, 교회 시대를 살고 있습니다. 천국의 새 포도주를 마신 성도는 예수의 인격을 닮아 성령의 열매를 맺고, 예수의 권능을 받아 성령의 은사를 행합니다. 예수는 제자들에게 복음을 말로만 전하지 말고 표적과 함께 전하게 하셨습니다. "예수께서 그의 열두 제자를 부르사 더러운 귀신을 쫓아내며 모든 병과 모든 약한 것을 고치는 권능을 주시니라"(마 10:1). 교회는 예수님이 하셨듯이 귀신 쫓고, 몸의 병을 치유하고, 마음의 상처를 치유하는 일을 합니다.

새 포도주는 새 가죽부대에 담습니다. 그래야 둘 다 안전합니다. 구약의 제사장과 선지자와 율법교사 대신, 바울은 오중직과 성도 사역을 제시했습니다. "그가 어떤 사람은 사도로, 어떤 사람은 선지자로, 어떤 사람은 복음 전하는 자로, 어떤 사람은 목사와 교사로 삼으셨으니 이는 성도를 온전하게 하여 봉사의 일을 하게 하며 그리스도의 몸을 세우려 하심이라"(엡 4:11-12). 오중직과 성도 사역, 일터 사역이란 말이 퍼지고 있습니다. 하나님이 교회와 교단 안팎에서 새 포도주를 새 부대에 담는 일을 시작하고 계신 듯합니다.

[에필로그]

월터 브루그만은 『하나님, 이웃, 제국』에서 제국과 천국을 비교했습니다. 부를 착취하고 사람을 상품화하는 제국의 이데올로기가 세상을 지배하고 있습니다. 사물과 사람이 사고팔고 거래하고 소유하고 소비되는 상품들로 환원되고 있습니다. 미디어들이 이 일을 너무 잘하고 있습니다. 그러나 천국 복음도 두루 전파되고 있습니다. 천국 복음이 이웃을 돌보는 사람들과 함께 퍼지고 있습니다. 천국 백성들이 하나님께 받은 선물로 이웃에게 선물하는 선물 사회가 등장하고 있습니다. 새 포도주와 새 부대는 여전히 잘 작동되고 있습니다.

X. 마태복음 9:18-38 "어떻게 해야 치유 받을 수 있을까?"

체인 스타일: 문제 제기, 원인, 반대 개념 및 유익들, 해결책

[프롤로그]

미디어에 건강 정보가 넘칩니다. 세포학과 뇌 의학을 바탕으로 몸의 치유 메커니즘을 설명하는 강의를 자주 듣습니다. 우리 몸에 수십 개의 세포가 있는데, 세포마다 자가 복구 시스템이 있다고 합니다. 복구 시스템이 작동하면 병에 안 걸리고, 작동하지 않으면 병에 걸린다고 합니다. 예나 지금이나 병과 치유는 인류의 오랜 관심사입니다. 특히 불치병이 문제입니다. 그런데 성경은 유독 불치병 치유 이야기를 많이 합니다.

[1] 문제 제기: 인간은 병들고 죽습니다.

인간은 언젠가 병이 듭니다. 건강한 사람도 병에 걸릴 때가 있고, 치유되어도 결국은 죽습니다. 이 사실은 인간을 슬프게 합니다. 영원히 살 것 같은데, 결국 더 살 수 없다는 선고를 듣습니다. 가족과 친지 중 아픈 사람이 늘어납니다. '다음은 나일까?' 생각합니다.

[2] 원인: 병들고 죽는 원인은 하나님의 생명과 연결되어 있지 않기 때문입니다.

인간은 왜 병들고 죽을까요? 현대 의학은 세포 속 미토콘드리아의

노화가 죽음의 원인 중 하나라고 설명합니다. 성경은 다른 관점을 제시합니다. 성경은 인간이 하나님의 생명으로부터 단절되어 죽는다고 합니다. 창세기 3장에서는 하나님이 최초의 인간 아담에게 "너는 흙이니 흙으로 돌아갈 것이니라"고 말씀하셨습니다(창 3:19). 아담은 930세를 살았습니다. 아담은 타락 이후 죽기 시작한 것입니다(창 5:5). 생명의 원천과 단절된 인간은 결국 죽음을 맞이합니다.

[3] 반대 개념 및 유익: 예수 그리스도를 통해 하나님의 생명과 연결되면 병에서 치유 받고 영생을 누릴 수 있습니다.

오늘 예수 그리스도는 여러 불치병 환자를 치유하셨습니다. 12년 동안 혈루증으로 고생하던 여인, 죽은 관리의 딸, 맹인 두 사람, 귀신들린 벙어리, 모두 치유하셨습니다. 놀라운 일입니다. 당시 사람들도 "이스라엘 가운데서 이런 일을 본 적이 없다"고 감탄했습니다(마 9:33).

치유 사건들을 어떻게 설명할 수 있을까요? 학문은 현상을 설명하는 일이지요. 예수님의 치유를 어떻게 설명해야 할까요? 예수 그리스도의 치유는 하늘의 일이 이 땅에서 이루어진 것이라고 설명하고 싶습니다. 예수님은 하나님의 아들로서 하늘의 생명을 이 땅에 가져오셨습니다. 예수 그리스도를 통해 하나님의 생명과 연결되면, 병에서 치유받을 뿐만 아니라 영원한 생명을 누립니다.

[4] 해결책: 어떻게 예수 그리스도와 연결될 수 있을까요?

우리는 어떻게 예수 그리스도와 연결될 수 있을까요? 성경의 치유 사건들을 보면, 사람들은 다양한 방식으로 예수님과 연결되었습니다. 12년 혈루증을 앓던 여인은 예수님의 겉옷에 손을 댔습니다. 두 맹인은 예수님이 그들을 치유할 수 있다고 믿고 말로 고백했습니다. 반면, 관리의 딸과 벙어리는 아무것도 할 수 있는 일이 없었습니다. 예수님이 직접 손을 잡아주거나 그냥 귀신을 쫓아주셨습니다.

관리의 딸과 벙어리의 경우, 예수님은 아무것도 요구하지 않고 직접 개입하여 치유하셨습니다. 혈루증 앓는 여인과 두 맹인에게는 치유에 대한 믿음을 요구하셨습니다. 말과 행동으로 믿음을 표현하게 하셨습니다. 첫 번째 경우 예수 그리스도는 하늘의 일과 땅의 일을 직접 연결하셨습니다. 두 번째의 경우 예수 그리스도는 병자의 믿음을 통해 하늘의 일과 땅의 일을 연결하셨습니다. 여기에 믿음의 신비가 있습니다. 믿음은 하늘의 일과 땅의 일을 연결하는 일입니다. 하나님께 기적을 행하실 장을 열어드리는 것입니다. 믿는 사람의 믿음 안에서 하늘과 땅이 연결됩니다.

[에필로그]

천국 복음을 전하는 치유 사역자들이 필요합니다. 예수님은 무리를 보시고 불쌍히 여기셨습니다(마 9:36-38). 제자들에게 일꾼을 청하라 하셨습니다. 주님은 십자가에서 인류의 모든 죄와 병을 짊어지시고 죽으셨다가 사흘 만에 부활하셨습니다. 하늘로 돌아가시며 제자들에게 마지막 분부를 하셨습니다. 마가복음 16:15-18에서 "온 천하에 다니며 만민에게 복음을 전파하라 믿고 세례를 받는 사람은 구원을 얻을 것이요 … 믿는 자들에게는 이런 표적이 따르리니 병든 사람에게 손을 얹은 즉 나으리라" 하셨습니다. 제자들은 순종했습니다. 치유 사역을 통해 말씀을 확증했습니다(막 16:20).

치유 사역을 하는 교회가 늘어나고 있습니다. 성경은 믿음만 있으면 누구나 치유할 수 있다고 가르칩니다. 하나님은 치유 사역 안에서 하늘의 일이 땅에서 펼쳐지는 새로운 시즌을 열어가고 계시는 듯합니다.

XI. 마태복음 5:1-16 "예수 그리스도는 어떤 나라를 세우려 하셨는가?"

내러티브 스타일: 이야기 설교

[프롤로그]

플라톤의 『국가론』 7권에 '동굴의 비유'가 있습니다. 동굴 안에 '현실'의 세계가 있고, 동굴 밖에 '이데아'의 세계가 있습니다. 그림자의 세계와 햇빛의 세계, 보이는 세계와 보이지 않는 세계를 묘사하고 있습니다. 보통 영계와 물질계라고도 부르지요. 두 세계 중 어느 것이 더 중요할까요? 두 세계는 어떻게 서로 관련되어 있을까요?

[1] 문제 제기/ 평형을 깨뜨려라: 세상 사람들은 보이는 세계가 우선이라고 주장합니다.

사람들은 보이는 세계가 우선이라고 봅니다. 플라톤은 동굴 밖 이데아의 세계가 더 중요하다고 보았으나, 고대 그리스인들은 여전히 동굴 안의 현실 세계를 중시했습니다. 이들은 자연 철학, 인간 철학, 헬레니즘 철학 등을 발전시키며 정교한 미술품, 건축, 과학 기술, 병법 등을 남겼습니다. 그리스 사람들도 신들의 세계를 상상했습니다. 그러나 그들의 신은 변덕스러웠습니다. 그들은 신들이 힘은 있지만, 이성적이고 아름답고 정의를 추구하는 인간보다 못하다고 본 것 같습니다. 유대인들에게도 보이는 세계는 중요했습니다. 여호와의 약속이 이루어지고 여호와의 율법이 실현된 눈에 보이는 땅이 중요했습니다. 장막보다 성전을 더 사랑했습니다. 그래서 바울은 유대인은 '표적'을 구하고 헬라인은 '지혜'를 찾는다고 했습니다(고전 1:22). 유대인은 겉으로 드러난 하나님의 능력을 보고자 했고, 헬라인은 세상의 로고스를 이해할 수 있는 이성의 지혜를 찾았습니다.

[2] 원인 분석/ 모순을 드러내라: 보이는 세계가 우선이라고 주장하는 이유는 보이지 않는 세계를 제대로 알 수가 없기 때문입니다.

사람들이 보이는 세계를 우선시하는 이유는 보이지 않는 세계를 제대로 알 수 없기 때문일 것입니다. 헬라인과 유대인 모두 보이지 않는 세계를 알고는 있었습니다. 그러나 그것을 제대로 알 길이 없었습니다. 플라톤도 햇빛이 비치는 동굴 밖 이데아의 세계가 존재한다고 했지만, 직접 경험한 바는 없습니다. 이데아의 세계가 있어야만 현실의 세계가 설명된다는 의미에서 이데아의 세계를 말한 듯합니다.

[3] 해결책/ 해결의 실마리를 제시하라: 성경은 보이는 세계가 보이지 않는 세계에서 나왔다고 말씀합니다.

성경은 보이지 않는 세계가 먼저 있었고, 거기에서 보이는 세계가 창조되었다고 말합니다. 창세기 1:1에서는 "태초에 하나님이 천지를 창조하시니라"라고 했습니다. 보이지 않는 하나님, 보이지 않는 세계가 먼저 있었습니다. 히브리서 11:3에서는 "믿음으로 모든 세계가 하나님의 말씀으로 지어진 줄을 우리가 아나니 보이는 것은 나타난 것으로 말미암아 된 것이 아니니라" 하였습니다. 보이지 않는 하나님의 말씀이 보이는 세계를 창조했다는 것입니다. 고린도후서 4:18에서는 "우리가 주목하는 것은 보이는 것이 아니요 보이지 않는 것이니 보이는 것은 잠깐이요 보이지 않는 것은 영원함이라"라고 하였습니다.

[4] 확신/ 복음을 경험하게 하라: 예수 그리스도는 보이지 않는 하나님 나라를 보이는 세계 속에 드러내셨습니다.

예수 그리스도는 천국 복음 선포와 함께 보이지 않는 하나님 나라를 보이는 세계 속에 드러내셨습니다. 세례 요한이 잡히신 후, 예수님은 천국 복음을 전파하셨습니다. 마태복음 4:17에서 "회개하라 천국이 가까이 왔느니라" 하셨고, 마태복음 4:23에서는 "예수께서 온 갈릴리에 두루 다니사 그들의 회당에서 가르치시며 천국 복음을 전파하시며 백성 중의 모든 병과 모든 약한 것을 고치시니" 하셨습니다. 천국 복음을 전하시며 병자를 고치시며 하나님 나라를 볼 수 있게 보여주셨습니다. 그 일대에 대소란이 벌어졌습니다. "그의 소문이 온 수리아에 퍼졌으며, 사람들이 모든 앓는 자, 각종 병에 걸린 자, 귀신 들린 자, 간질하는 자, 중풍병자들을 데려오니 그들을 고치시더라"(마 4:24).

마태복음 5:1-2에서 예수님은 산에 올라가 제자들에게 하나님의 나라를 설명하셨습니다. 하나님 나라는 영이 치유되고, 상한 마음이 치유되며, 땅과 도시가 치유되는 나라라고 하셨습니다. 영의 치유, 상한 심령의 치유, 땅의 치유, 사회 불의의 치유가 이루어지는 나라가 오고 있다고 선포하셨습니다. 보이지 않는 하나님 나라가 이 땅에서 실현되는, 눈에 보이는 나라를 말씀하고 있습니다.

[5] 소망/ 결과를 기대하게 하라: 교회 성도들은 성령을 받아 예수 그리스도가 하신 일을 할 수 있습니다.

예수 그리스도가 선포한 하나님 나라가 치유의 나라라면, 예수를 믿는 성도들은 어떻게 살아야 할까요? 예수님이 하신 일을 우리가 이어 받아야 할 것입니다. "내가 진실로 진실로 너희에게 이르노니 나를 믿는 자는 내가 하는 일을 그도 할 것이요 또한 그보다 큰 일도 하리니 이는 내가 아버지께로 감이라 너희가 내 이름으로 무엇을 구하든지 내가 행하리니 이는 아버지로 하여금 아들로 말미암아 영광을 받으시게 하려 함이라"(요 14:12-14). 주님은 우리에게 너무 과도한 기대를 하시는 듯합니다. 왜 그러실까요? 주님은 곧 오실 성령의 능력을 이미 알고 계셨습니다. 성령이 오시면 저 정도 일은 제자들이 충분히 할 수 있다고 내다보고 계셨을 것입니다.

예수 그리스도가 이미 이루신 일을 보고 성령을 받읍시다. 성령 세례, 충만, 열매, 은사, 기름 부음, 뭐든지 다 받읍시다. 예수님은 주님이 하시던 일을 계속 행할 교회를 만드셨습니다. 초대 교회는 박해 시대 때도 천국 복음을 몸으로 전했습니다. "너희 빛이 사람 앞에 비치게 하여 그들로 너희 착한 행실을 보고 하늘에 계신 너희 아버지께 영광을 돌리게 하라"(마 5:16). 성도들의 행실을 통해 사람들이 하나님을 믿을 것이라 하셨습니다.

[에필로그]

하나님 나라를 보여준 빛의 사도로 이태석 신부가 떠오릅니다. 그의 책 『친구가 되어주실래요?』가 출간된 지 10년이 지났습니다. 이태석 신부는 1991년 살레시오 수도회에 입회하고, 2001년 가톨릭 교회 사제 서품을 받았습니다. 2001년부터 2008년까지 수단 톤즈에서 의료 교육 선교 활동을 했습니다. 2010년 47세의 나이로 소천하셨습니다. 그의 미소와 왕눈이 같이 큰 눈이 떠오릅니다.

XII. 민수기 35:1-21 "하나님은 왜 도피성을 설계해 놓으셨을까?"

체인 스타일: 결과, 이유, 이유

[프롤로그]

헤르만 바빙크는 『기독교 세계관』에서 "존재 이전에 사유가 있었다"라고 했습니다. "만물은 하나님의 생각에서 시작되었다"라는 의미로 이해됩니다. 시편 139:15-18에서 시인은 이렇게 찬양합니다: "내가 은밀한 데서 지음을 받고 땅의 깊은 곳에서 기이하게 지음을 받은 때에 나의 형체가 주의 앞에 숨겨지지 못하였나이다 내 형질이 이루어지기 전에 주의 눈이 보셨으며 나를 위하여 정한 날이 하루도 되기 전에 주의 책에 다 기록이 되었나이다 하나님이여 주의 생각이 내게 어찌 그리 보배로우신지요 그 수가 어찌 그리 많은지요 내가 세려고 할지라도 그 수가 모래보다 많도소이다." 오늘은 도피성 제도에 대해 말합니다. 도피성도 하나님의 생각에서 나온 제도입니다.

[1] 긍정적 결과: 하나님은 이스라엘에 6개의 도피성을 만들게 하셨습니다.

하나님은 레위인을 각 지파에 흩어져 살게 하셨습니다. 그들은 하나님을 기업으로 삼고 성막을 섬기는 일을 하며 살았습니다(민 8:16). 각 지파 가운데 48개의 성읍이 레위인에게 배당되었고(민 35:2), 하나님은 레위인 성읍 중에서 6개를 도피성으로 지정하셨습니다: "너희가 줄 성읍 중에 여섯을 도피성이 되게 하되 세 성읍은 요단 이쪽에 두고 세 성읍은 가나안 땅에 두어 도피성이 되게 하라"(민 35:13-14).

[2] 이유: 왜 도피성을 만드셨을까요? 우발적 살인자의 생명을 보호하기 위함입니다.

도피성은 부지중에 실수로 사람을 죽인 자들을 보호하기 위해 만드셨습니다: "너희를 위하여 성읍을 도피성으로 정하여 부지중에 살인한 자가 그리로 피하게 하라 이는 너희가 복수할 자에게서 도피하는 성을 삼아 살인자가 회중 앞에 서서 판결을 받기까지 죽지 않게 하기 위함이니라"(민 35:11-12). 고대 사회에서는 사람을 죽이면 보복했습니다. 하나님은 이스라엘이 이러한 관습에서 벗어나기를 바라셨습니다. 고의 살인과 과실 살인을 구분하고, 과실로 살인을 저지른 자의 생명을 보호하는 사회가 되기를 원하셨습니다. 이스라엘이 행위의 동기까지 살피는 공동체가 되라는 뜻입니다.

도피성은 하나님이 구속받은 이스라엘에게 주신 특별한 은총이었습니다. 도피성으로 피한 자들도 치러야 할 대가가 있습니다. 재판에서 악의가 없다고 판명되면 도피성 안에서 살아야 했습니다(민 35:25-28). 이는 살인 당한 자를 위한 하나님의 정의를 충족시키려는 조치로 보입니다. 대제사장이 죽으면 자신의 땅으로 돌아갈 수 있었습니다(민 35:28).

이는 살인자를 위한 하나님의 정의를 충족시키려는 조치로 이해됩니다.

[3] 또 다른 이유: 왜 우발적 살인자의 생명을 보호하려 하셨을까요? 하나님은 정의로울 뿐만 아니라 자비로운 분이시기 때문입니다.

하나님은 정의로우신 분이십니다. 시편 97:1-2는 "여호와께서 다스리시나니 땅은 즐거워하며 허다한 섬은 기뻐할지어다 구름과 흑암이 그를 둘렀고 의와 공평이 그의 보좌의 기초로다"라고 했습니다. 하나님은 정의를 드러내시고, 인간에게 책임을 요구하십니다. 고의적 살인자에게는 생명을 요구하셨지만, 과실치사자에게는 생명을 요구하지 않으셨습니다. 도피성에 들어온 자는 레위인에게서 율법을 배우며 살았습니다.

도피성은 예수 그리스도의 십자가를 상징합니다. 예수 그리스도가 십자가에서 우리 죄를 대신하여 죽으심으로 우리에게 생명을 주셨습니다. 도피성은 '하나님의 의'를 보여줍니다(롬 1:17). 하나님은 이스라엘과 맺은 언약에 신실하셨습니다. 이스라엘의 불의에도 불구하고 하나님은 예수 그리스도를 십자가에서 대신 죽게 하심으로 하나님의 의를 보이셨습니다.

하나님은 자비로운 분이십니다. 도피성은 하나님의 사랑의 아들의 나라를 미리 보여줍니다. "그가 우리를 흑암의 권세에서 건져내사 그의 사랑의 아들의 나라로 옮기셨으니 그 아들 안에서 우리가 속량 곧 죄 사함을 얻었도다"(골 1:13-14). 예수 그리스도는 십자가를 통해 우리를 사탄의 나라에서 하나님의 나라로 옮기셨습니다.

[4] 반응: 하나님의 나라(왕국)에서 하나님의 정의와 자비가 드러나는 삶을 삽시다.

우리 그리스도인은 하나님의 나라에서 하나님의 정의와 자비가 실현된 삶을 살 수 있습니다. 미가 선지자는 정의와 자비가 동시에 실현된 삶을 꿈꾸었습니다: "사람아 주께서 선한 것이 무엇임을 네게 보이셨나니 여호와께서 네게 구하시는 것은 오직 정의를 행하며 인자를 사랑하며 겸손하게 네 하나님과 함께 행하는 것이 아니냐"(미 6:8).

정의와 자비가 동시에 이루어진 삶이 인간에게 불가능합니다. 그러나 그리스도께서 율법의 요구를 이루셨습니다. "그리스도는 모든 믿는 자에게 의를 이루기 위하여 율법의 마침이 되시니라"(롬 10:4). 성령은 그리스도가 이루신 율법의 성취를 우리 영 안으로 가져오십니다. 그리스도가 이루신 것을 우리도 이루게 하십니다. "율법이 육신으로 말미암아 연약하여 할 수 없는 그것을 하나님은 하시나니 곧 죄로 말미암아 자기 아들을 죄 있는 육신의 모양으로 보내어 육신에 죄를 정하사 육신을 따르지 않고 그 영을 따라 행하는 우리에게 율법의 요구가 이루어지게 하려 하심이니라"(롬 8:3-4). 성령을 따라 우리 영이 움직이면 율법의 요구가 이루어지는 꿈 같은 일이 벌어집니다.

[에필로그]

2023년 5월 19일, 팀 켈러 목사님이 72세의 나이로 소천하셨습니다.

아들 마이클 켈러는 아버지가 사망 직전에 "저는 예수님을 뵐 준비가 되었습니다. 나는 예수님을 뵙는 것을 더 기다릴 수 없습니다. 나를 집으로 보내소서"라고 말했다고 증언했습니다. 팀 켈러 목사는 그의 길을 다 달리셨습니다. 그의 사역은 우리 시대에도 복음 목회가 가능하다는 희망을 주었습니다. 한국에서도 제2, 제3의 팀 켈러가 나오기를 바랍니다.

팀 켈러를 천국으로 보내며, 시편 139편을 한 번 더 읽어봅니다: "주께서 내 내장을 지으시며 나의 모태에서 나를 만드셨나이다 내가 주께 감사하옴은 나를 지으심이 심히 기묘하심이라 주께서 하시는 일이 기이함을 내 영혼이 잘 아나이다 내가 은밀한 데서 지음을 받고 땅의 깊은 곳에서 기이하게 지음을 받은 때에 나의 형체가 주의 앞에 숨겨지지 못하였나이다 내 형질이 이루어지기 전에 주의 눈이 보셨으며 나를 위하여 정한 날이 하루도 되기 전에 주의 책에 다 기록이 되었나이다 하나님이여 주의 생각이 내게 어찌 그리 보배로우신지요 그 수가 어찌 그리 많은지요 내가 세려고 할지라도 그 수가 모래보다 많도소이다 내가 깰 때에도 여전히 주와 함께 있나이다"(시 139:13-18). 팀 켈러 목사는 율법의 요구를 이루고 하나님이 그에 대하여 생각하신 목적대로 사신 것 같습니다.

에필로그

2023년 한 해는 팀 켈러를 묵상하며 보냈습니다. 2024년에도 팀 켈러에 대한 감탄은 계속되고 있습니다. 그의 책을 천천히 읽어보며 많은 영향을 받았습니다. 이제 그를 떠나보내야 할 시간입니다. 저에게 가장 빛나는 팀 켈러의 유산은 모든 성경 본문에서 그리스도를 증거하는 설교였습니다.

또한, 그는 세속 사회를 깊이 들여다보았습니다. 팀 켈러는 찰스 테일러의 『세속 시대』(A Secular Age)를 2년 동안 천천히 탐독했다고 합니다.[29] 테일러는 세속주의를 다음과 같이 규정했습니다: 첫째, 정부와 주요 사회 기관이 특정 종교와 연계되지 않은 사회; 둘째, 대다수 사람이 신 또는 초월 세계를 믿지 않는 사회; 셋째, 신념의 조건이 달라진 사회입니다. 세속 사회는 이성과 과학이 만든 것이 아니라 새로운 믿음이 만든 사회라고 테일러는 주장합니다. 세속 현대인에게 하나님은 멀리 있는 존재가 되었고, 전투적 무신론자가 아니면 하나님을 자신과

---

29) Charles Taylor, *A Secular Age* (Cambridge, Massachusetts: Belknap Press of Harvard University Press, 2007), 1-20.

상관없는 존재로 여깁니다. 사람들은 하나님을 의지하지 않고도 자신의 힘으로 살 수 있다고 믿습니다.

팀 켈러는 『답이 되는 기독교』에서 세속 사회를 정밀하게 분석했습니다.[30] 그는 세속 사회가 인생에서 중요한 여섯 가지 요소를 추구한다고 설명합니다: '삶의 의미, 만족, 자유, 정체성, 희망, 도덕적 나침반.' 세속주의는 이 여섯 가지 요소에 대해 나름의 답을 내놓지만, 성경은 더 나은 설명을 제공한다고 합니다.

첫째, 세속 사회는 각자가 삶의 의미를 창조할 수 있다고 하지만, 성경은 십자가에서 삶의 의미를 발견할 수 있다고 합니다. 둘째, 세속 사회는 욕망을 추구하여 만족을 얻으라 하지만, 성경은 예수 그리스도의 사랑을 통해 만족을 얻을 수 있다고 합니다. 셋째, 세속 사회는 억압에서 벗어나는 자유를 추구하라 하지만, 성경은 예수 그리스도 안에서 진정한 자유를 찾을 수 있다고 합니다. 넷째, 세속 사회는 개인의 감정과 욕구에서 정체성을 찾으라 하지만, 성경은 예수 그리스도의 십자가에서 정체성을 찾을 수 있다고 합니다. 다섯째, 세속 사회는 죽음 앞에서 희망을 찾을 수 없으나, 성경은 예수 그리스도의 부활을 통해 희망을 찾을 수 있다고 합니다. 여섯째, 세속 사회는 인권과 정의를 주장하며 반대편을 억압하는 경향이 있지만, 성경은 하나님이 정의로운 나라를 만들며 반대편을 존중하게 한다고 합니다.

그의 책을 여러 번 읽었습니다. 팀 켈러의 『답이 되는 기독교』를 읽으

---

30) 팀 켈러/ 윤종석 옮김,『답이 되는 기독교』(서울: 두란노, 2018), 13.

면서 한국의 포스트모던 세대를 생각했습니다. 우리 자녀 세대에게도 이러한 복음 변증을 들려주어야 한다는 조급함을 느꼈습니다. 한국 사회는 경제적 근대화는 이루었으나 근대적 개인을 탄생시키지 못했습니다. 개인은 집단의 위력과 미디어의 세뇌 앞에서 무력합니다. 또한, 개인의 욕망과 행복을 위해 시간을 많이 투자하며 스스로 자기 인생을 결정하는 '핵개인'이 나타나고 있다고 합니다. 전근대와 근대와 탈근대가 혼재하는 한국 사회에서 복음을 변증하는 것은 무척 힘든 일입니다. 팀 켈러가 미국 세속 사회에서 시도한 복음 변증을 한국 세속 사회에서도 시도할 한국 교회의 미래 사역자들이 나타나기를 기다립니다.